大师精华课系列

历史学原来很有趣

16位大师的精华课

曲水　著

HISTORY
IS VERY
INTERESTING
THE ESSENCE COURSE OF 16 MASTERS

清华大学出版社
北京

内 容 简 介

《历史学原来很有趣》不同于以往的历史学教材，它以课堂讲授方式，将历史学知识娓娓道来。在这本书中，希罗多德、汤因比、塔西佗、司马迁等16位世界著名历史学家，会有意识地提出一些问题，引导读者思考，与读者进行有趣的互动，让读者轻松掌握历史学相关知识。

《历史学原来很有趣》还设置了一个刚进入职场的人设——李彤，通过她在学习中对历史学的一些感悟，以及将历史学运用到工作中所取得的一些成绩，将历史学与工作、生活紧紧结合起来，让读者学以致用。

对历史学感兴趣，想要了解、学习历史学的读者，千万不要错过此书。

本书封面贴有清华大学出版社防伪标签，无标签者不得销售。

版权所有，侵权必究。举报：010-62782989，beiqinquan@tup.tsinghua.edu.cn。

图书在版编目（CIP）数据

历史学原来很有趣：16位大师的精华课 / 曲水著 . —北京：清华大学出版社，2021.10
（大师精华课系列）
ISBN 978-7-302-58256-4

Ⅰ.①历⋯ Ⅱ.①曲⋯ Ⅲ.①史学－通俗读物 Ⅳ.① K0-49

中国版本图书馆 CIP 数据核字 (2021) 第 097953 号

责任编辑：刘　洋
封面设计：徐　超
版式设计：方加青
责任校对：王荣静
责任印制：沈　露

出版发行：清华大学出版社
　　　　网　　　址：http://www.tup.com.cn，http://www.wqbook.com
　　　　地　　　址：北京清华大学学研大厦 A 座　　　邮　　编：100084
　　　　社 总 机：010-62770175　　　　　　　　　邮　　购：010-62786544
　　　　投稿与读者服务：010-62776969，c-service@tup.tsinghua.edu.cn
　　　　质 量 反 馈：010-62772015，zhiliang@tup.tsinghua.edu.cn
印 装 者：三河市国英印务有限公司
经　　　销：全国新华书店
开　　　本：148mm×210mm　　　印　　张：9　　字　　数：199 千字
版　　　次：2021 年 12 月第 1 版　　　印　　次：2021 年 12 月第 1 次印刷
定　　　价：89.00 元

产品编号：086708-01

"历史学是什么？"

"就是对历史的专门研究，简称史学，也称为历史科学。"

"好抽象，具体是干什么的呢？"

"历史学既要研究历史，还要对历史发展规律进行总结，并且包括研究历史所用到的一些方法和理论。"

"那历史又是什么？"

"这个还真不好下一个确切的定义，生活在不同时代和不同社会，以及处在不同社会地位的人有不同的答案。"

"说来听听？"

"19 世纪法国古朗士说'历史不过是过去所发生的一切事件的积聚，是人类社会的科学'；19世纪末德国伯伦汉说'历史是人类发展的一门科学'；意大利克罗齐认为'一切真正的历史都是当代的历史'；法国马鲁说'历史是人类过去的知识'。"

"这又是过去，又是现在的，弄得我都晕了，有没有一个普遍的定义啊？"

"广义上历史可以指过去发生的一切事件，这些事件不一定跟人类社会有联系；狭义上历史仅指人类社会发生、发展的过程。"

"世界上历史著作那么多，我们该怎么区分它们？"

"可以根据不同的标准将这些历史划分为不同的系列。比如：按地域可分为世界史、国别史、地区史等；按时间可分为通史、断代史、阶段史等；按种类可分为人类历史、动物历史、植物历史、地球历史等；按学科可分为文学史、艺术史、哲学史、宗教史、民俗史、神话史、美术史、教育史、经济史、自然科学史等。"

"听起来很高深啊！这么高深的学问学完后有什么用呢？是能让我升职加薪，还是升官发财？"

"都不能。"

"那能让我健康长寿吗？"

"也不能。"

"什么用都没有，那我干吗学它？"

"无用之用，是为大用！"

"什么意思？"

"在几千年的历史长河中，有很多散发着大智慧的书。它们在那里熠熠生辉，等待着你的赏读。它们取之不尽、用之不竭，将它们学以致用是你一生的财富。多看历史，能开阔自己的眼界，洞悉事物发展的规律和预测未来，这在当今社会是非常重要的。

虽然历史的车轮一刻不停地向前，很多事变了，现象变了，但本质没变，规律没变，掌握了本质和规律，你就拥有了应对一切变化的法宝。"

"原来如此！那我该怎么学习它呢？"

"读历史重点不在记忆，而在思辨。"

"思辨？什么意思？"

"就是当你读到古人面临重要的选择时，赶紧停下来不要再读了，想想如果是自己将如何决定，为什么要这么做。想清楚后再看古人是怎么决定的，原因何在，结局如何。最后将自己的决定跟古人的相比较，看看有什么异同。要不断思考怎样将古人的智慧应用到现代生活之中，将历史的经验融合到现代社会之中，这样才能将古人的智慧为己所用，书写属于自己的历史。"

"听起来不错，那赶紧给我讲讲吧。"

"我的历史课跟别人大不相同，没有理论，没有时间线，没有国别，只有古今中外 16 位著名的历史学家。这 16 位大师直接来讲他们的代表作，讲他们对历史的独特看法，讲他们是怎么研究历史的，还有他们独特的历史写作方法，好让大家对整个历史学有个基本的了解，以后读历史著作时知道应该注意什么。"

"太好了，已经迫不及待想听他们讲的课了。"

"因为才疏学浅，有不对的地方烦请不吝赐教！"

"别啰唆了，快点儿开始吧！"

引言

　　"你刚高中毕业吗？写的东西这样幼稚、肤浅、没有见地！这样没有深度、没有灵魂的东西，你好意思拿给读者看？做记者，你要对你的读者负责！"某网站首席记者刘记训斥道。

　　被训斥的实习记者李彤有些不服，这可是自己修改了好多遍才交出来的，里面的每一个句子也是斟酌再三才确定的，可以说用了十二分的心，怎么就不行呢？于是她争辩道："师傅，我不知道自己到底差在哪里，里面的每一句话我都是经过深思熟虑的。"

　　刘记招招手，让李彤在自己旁边坐下，然后语重心长地说："你的文字很好，稿子的处理也不错，这些都没有什么问题，但别忘了我们记者是干什么的。要经过对材料的深入分析，告诉读者真相，这需要我们有自己的看法和主张，而不是人云亦云。"

刘记指着一段话道："你看，这是你的观点。这些观点要不人云亦云，要不太过肤浅，这样的观点怎能让人信服？一篇文稿如果没有自己独特的观点，就像人没有灵魂一样。"

李彤再读自己昨晚写的观点，感觉是有点不深刻，但这已经是自己所能想到的极限了。她惭愧地低下了头，眼睛看着自己的脚尖。

刘记看出李彤的窘迫，安慰道："小李啊，不要气馁，你刚毕业，接触的事情少，有时没有自己的观点也是正常的，但你不能总是这样。你要多看书，尤其是历史学，因为它是研究人类发展规律的，里面的很多观点我们可以借鉴。"

刘记喝了一口茶，接着说："比如说，你稿件中介绍的 A 市改革，我们可以跟古今中外一些类似的改革进行比较，看看那些改革都存在什么问题，产生了哪些积极和消极的作用，哪些利益方会反对，哪些利益方会赞同。这些前人已经都分析好了，你只要把过去的事件跟现在的进行对比，就能看到一些更深层的东西，提炼出一些深刻的观点。其实很多东西是相通的，人说'究天人之际，通古今之变，成一家之言'，便是如此。回去多看书，多反思自己，再写东西时要记得从历史中找规律。"

李彤愁眉苦脸地走出了刘记的办公室，心想该怎么提高自己的见识呢？难道真的要去学那个听起来就很没意思的"历史学"？

下班后，郁闷的李彤叫上几个也在本市的同学一起吃饭，席间大家争相吐槽各自的糗事：有上班迟到被领导抓到的，有因为失误被上级批评的，还有因为拖延被开会点名的。

听到这些，李彤郁闷的心情好了很多，自嘲道："你们的问题都没我的严重，我因为读书少，被批没见识。更郁闷的是，我师傅居然让我去学最枯燥的历史学！历史，我从开始学的第一天就不喜欢，历史学估计更没意思。你们说，过去那些破事有什么好学的？"

于是大家就李彤该不该学历史进行了一场大辩论，最后因为李彤想把自己实习记者的身份转正，大家一致同意李彤听从直接领导的意见，去学习历史学。

同学甲说："自己看书太枯燥了，我有个高中同学，他就在本市的Ａ大，他们的历史学系非常出名，我帮你问问，你利用业余时间去旁听，这样学起来还能轻松些、有意思些。"

很快同学甲就收到高中同学的回信，说Ａ大的历史系正好有个全新的高科技课堂，这个周末就要开课了。虽然名额已满，不过因为他是助教，还是可以帮忙申请一个名额的。

听到高科技，李彤有些好奇，既然已经下定决心要入"地狱"，那么就去见识见识高科技的"地狱"是什么样的吧！

周末等待李彤的将会是什么呢？

目录

第一章
希罗多德导师讲《历史》

　　本章主要通过 4 个小节，把"历史之父"希罗多德对于历史的见解和观点用现代语言生动地呈现出来，涉及希罗多德写作《历史》的目的、资料的取舍，以及历史写作的一些经典方法。对那些想要了解历史学，并想从历史学中汲取营养为我所用的人大有裨益。

希罗多德

　　（Herodotus，约公元前 484—前 425），出生于小亚细亚西南海边一个古老的城市，从小就酷爱史诗。希罗多德成年后，曾积极参加推翻篡位者的斗争，因斗争失败被流放。后来篡位者的统治被推翻，他才得以回到故乡，但不久又被迫出走，从此再也没有回去过。希罗多德是古希腊作家、历史学家，他将旅行途中的见闻，以及第一波斯帝国的历史都记录下来，形成史学名著《历史》，是西方文学的奠基人，被尊称为"历史之父"。

第一节　为什么要写《历史》？

因为平时闹铃定的是礼拜一到礼拜五，所以礼拜六当李彤睡到自然醒时，已经有些晚了，她匆匆收拾一下，随手拿了一盒牛奶，出门了。

幸好礼拜六不堵车，当李彤到达教室时，人还没到齐，导师也没来。李彤一边喝牛奶，一边观察教室里的其他人，有年轻人，也有中年人，看起来除了学生，还有像自己一样的"社会人"。

这个教室好奇怪，没有讲台，黑板好像是液晶的，每个桌子还放着科技感十足的头盔，以及其他一些叫不上名的高科技产品。

看到这里，李彤有些期待，希望快点开课，好见识一下高科技课堂到底是什么样的。但是，上课时间马上就到了，怎么导师还没来呢？这不符合"导师"的作风啊。

正想着，一个高个子，长得帅帅的男生从教室后面走到了前面。"难道这就是我们的导师？"李彤那颗少女心开始欢快地跳起来。

"大家好，我是这次历史学课程的助教，大家叫我小安就行。我们采取了一种全新的教学模式，至于到底是什么样的，这里我就不多说了，大家马上就能体验到。现在，大家跟我一起把这些设备戴起来，我们一起去上课吧！"

李彤跟随助教小安一起穿戴完那些设备后，突然发现自己身处一个广场上，周围像是古代的一些建筑，还有很多柱子，在一个大柱子下面站着一位长着大胡子的外国人，穿得很奇怪。"难道我穿越了？"李彤想。

正在这时小安来了，还有其他同学。小安解释道："大家不要慌，这就是我们最新的教学尝试，借助现代高科技，好像回到了过去，然后通过视觉、听觉等手段来进行学习。"

当大家还在惊叹不已时，大柱子下面的那个怪人走了过来，边走边说："欢迎你们——我远道而来的朋友，我叫希罗多德，有人称我为'历史之父'，也有人称我为'谎言之父'。"

"啊！天啊，居然是希罗多德！"李彤听到旁边有人欣喜道。

"难道他是个名人？"李彤心想，"不过我怎么好像没听说过呢？"

"朋友们，其实我只是一个讲故事的人，喜欢把自己的所见所闻讲给大家听。年轻的时候，因为不得已的原因，我只能背井离乡，到处流浪，后来我爱上了这种游历的生活，成为一个你们常说的'旅游达人'。"

大家听到"旅游达人"一词都笑了，这个知道现代语言的古人好幽默啊，不得不说现代高科技太厉害了，居然能让古人拥有现代人的智慧！

希罗多德接着说："我去过波斯帝国的很多地方，去过伊奥尼亚、叙利亚、意大利、西西里；穿过腓尼基去过埃及和利比亚；渡过赫勒斯滂海峡去过拜占庭、马其顿。如果使用现代的地名，我基本上踏遍了西亚、北非以及欧洲。"

一位同学赞叹道："导师，您太厉害了！您比现在那些旅游达人厉害多了。要知道两千多年前，出行基本靠腿，真不知道您是怎么做到的！"

"这位同学过奖了。虽然旅途艰辛，但过程很快乐。因为我的旅游不像现代人的旅游——'上车睡觉，下车拍照，回家一问啥都不知道'，我每到一个地方都会停留一段时间，到处去看看；听说有名胜古迹，就去考察一番；对于当地的风土人情，我也不会放过；如果听到什么传说和奇闻逸事，我就收集起来。当然，对于这些资料，我不是简单地记录，还要进行考证，然后整理分析。每一个地方都有自己独特的魅力，他们就像藏在深山中的宝贝，被我一个一个发掘出来，这是一件非常快乐的事情。正是因为这些快乐，我忘记了旅途的艰难险阻，一直想要走下去。"希罗多德微笑道。

李彤边听边想："我现在的工作跟希罗多德导师当年从事的事情好相似啊，也是收集材料、核查材料、分析材料、整理材料，然后提出自己的观点和看法。只是我在做这些时怎么没感受到快乐呢？"

一位长得小巧、戴着眼镜的女同学好奇道："导师，据我所知在您之前希腊还没有真正的历史著作，那时大家通常写的都是诗歌，然后伴随着竖琴吟唱，就像《荷马史诗》那样。您怎么想到要把收集的材料进行考证、分析，最后变成一本历史著作的呢？"

希罗多德导师捋了捋自己的长胡子，说道："我曾经读过著名'记事家'赫卡泰欧斯写的《大地环行》，这本书主要讲了赫卡泰欧斯游历时的见闻，非常有趣。他在书中说'我只记录我认为最真实的东西'，这句话对我产生了重大影响，让我明白原来书可以表达自己的观点。我很认同他的说法，那时就立志将自己游历中的见闻也真实地记录下来。"（如图 1-1 所示）

图 1-1　希罗多德的历史观

　　"后来，我来到雅典，也就是我们现在站着的这片土地。"希罗多德导师环顾四周，声音中有些遗憾，"当时这里非常繁荣，简直就是希腊的政治、经济、文化中心和海上交通枢纽啊。当时，也是在这个广场上，我当众朗读自己的作品，让更多的人了解我所见到、听到的趣事。"

　　"也是在这里，我结识了雅典'第一公民'伯利克里，还有戏剧家索福克里斯，以及其他社会精英；我了解到雅典的民主政治，了解到'在法律面前人人平等'。我耳闻目睹了小小的希腊城邦击败庞大波斯帝国的侵略事件，这让我很好奇，于是我就反思：波斯人是怎样兴起，又是如何对外扩张的？为什么希腊人会跟波斯人产生冲突？为什么只有几万人的雅典能击败兵力数倍于自己的波斯大军？"

　　希罗多德导师有些激动地说："在考察这些时，我发现不管是希腊人、波斯人还是埃及人、印度人，他们都创造了伟大的成就；在创造这些伟大成就的过程中涌现了很多可歌可泣的人和事；特别是希腊人和波斯人之间发生战争的原因，以及能够以少胜多的原因，对后人有极强的警示作用。我不希望这些过去的事情随着时间的流逝而泯灭，不希望这些可贵的经验就这样被浪费，我希望他们能一直流传下去，对后人有所帮助。我认为国家的兴亡和人事的成败都是有规律的，都是有迹可循的。所以，我下定决心，要写出一部不同于以往的历史著作。"（如图 1-2 所示）

图 1-2　历史是有规律的

大家不禁纷纷鼓掌，一位同学赞道："导师，您知道吗？您这种用历史事实来垂训后人的做法，对后代史学的发展产生了极大的影响啊。"

"这个我当时没有想到，不过我想不管写什么书都要对其他人有所帮助，这样才能让别人多有收获。"

听到这里李彤很惭愧，难怪自己写不出好文章，看来是自己的写作目的太"低俗"了，自己只是为了博人眼球而写作，根本就没有想到写作还有更高尚的目的，看来刘记说得没错，自己真得好好想想了！

正在李彤沉思时，希罗多德导师走到她面前，轻声问道："这位同学，你是不是想说点什么？"

李彤赶紧拉回思绪，激动地看着希罗多德导师，真诚地说：

"导师，谢谢您！"

"如果我的知识，还对你们有所帮助，那是我最大的荣幸，我也谢谢你们，让我这个孤独了几千年的老人又迎来人生的'第二春'。下面我们分析一下希波战争中希腊城邦能够以少胜多的原因吧！"

第二节　小小希腊凭借什么战胜了庞大的波斯帝国？

"你们有谁读过我写的《历史》？"希罗多德导师问道。

有几个同学说自己读过，还有一部分同学说自己只读了一部分，李彤心虚得赶紧往后挪了挪，希罗多德导师看到后笑了起来："大家不要有心理负担，我只是想问问你们在阅读《历史》时有什么疑问。"

一位胖胖的男生回应道："导师，我有点不太明白，您为什么在讲述战争时还要探索大量的自然事物，比如埃及土地、河流、气候形成的原因。这样削弱了文章的可读性，我觉得如果直接写战争的故事会更加精彩。"

"这位同学的问题提得很好，其实我那样写有我的苦心。"希罗多德导师将两只手背在身后，开始在广场上踱起步来："读过《历史》这本书的应该都知道，我的每一个历史故事都不是简单的记录，我通常会将这件事的前因后果、来龙去脉都交代清楚，只有这样我们才能追寻到隐藏在历史事件背后的深层次原因，就像你们所说的'没有无缘无故的爱，也没有无缘无故的恨'。

只有找出背后真正的原因，才能找到规律，才能对后世所有警示。"

"原来如此！看来导师真是用心良苦啊，为了达到自己的目的，不惜放弃文章的流畅性，这点真得好好学习。"李彤心想，自己有时就是为了追求文章的连续性和可读性，不惜舍弃一些必要的原因交代。（如图 1-3 所示）

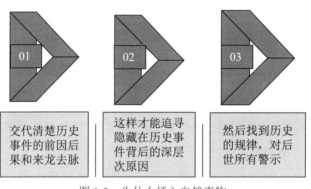

图 1-3　为什么插入自然事物

希罗多德导师接着问道："大家觉得为什么以雅典、斯巴达为首的希腊人会跟波斯人发生战争呢？"

"导师，同一件事，不同的民族会有不同的看法。这要看从谁的角度去看。"之前那个戴眼镜的女生（以后称呼为"眼镜妹"）答道。

"是的，"希罗多德导师一边点头一边说，"对波斯史家来说，开始不过是大家你来我往抢女人，但是后来因为海伦发生了战争，摧毁了特洛伊就是希腊人的不对了，于是希腊人就成了波斯人的敌人，是不是觉得有些可笑？"

"从腓尼基人的角度来看，他们把伊奥带到埃及根本不是什么抢劫，而是因为伊奥跟船长私通，怀孕了，不敢回去，她是自愿随船离开的。"希罗多德导师接着说，"当然，从我们希腊人的角度来看，说法又不同，是赫拉将伊奥赶到埃及，宙斯将欧罗巴送到克里特，海伦是特洛伊故事中的女主角。同样的事，为什么不同地方的人会有不同说法呢？"

"因为传统和习俗不同。"一位男生说道。

"非常正确！因为亚洲人根本不在乎几个女人，所以同样是抢女人事件，波斯人和希腊人的看法就截然不同，这样的不同最终导致了战争的爆发。对不同的民族来说，因为传统和习俗不同，对于正义的标准也很难达成一个统一的观点，从而引发各种矛盾。"希罗多德导师解释道。

一位女生接道："导师您通过多角度、多方面的描写，让我们明白了希腊与波斯之间的冲突归根结底是习俗的冲突，也是两种文明的冲突。"

"这位同学总结得非常好，我很欣慰。"希罗多德导师称赞道，"其实很多冲突都是不同文明间的冲突，不仅希腊和波斯的战争，还有很多其他战争也是这样，这点我们就不再多说了。现在我们来分析一下希腊能够以少胜多的背后原因是什么。这点还要先从二者的政治制度说起。"

"我们知道波斯的僭主政治有着悠久的历史。当年米底人发动暴动推翻了亚述人的统治，获得了自由，其他民族也相继获得了自由。不过，好景不长，米底各部落开始了相互斗争。你们看，自由不但没有带来秩序，还带来了不义和混乱。在混乱中，代奥凯斯乘机当上了国王。他很聪明，也知道约束自己，将自己塑造成一个神，变成城邦中法律和习俗的制定者，使得城内充满了秩序和规范。但是当第一位真正的君主——居鲁士统治时，就开始破坏一些习俗。因为一句话，居鲁士就将本应被烧死的另一位僭主从火中救出。后来随着波斯帝国不断扩张，居鲁士将波斯人对自然元素的敬畏这一传统习俗也丢掉了。"

希罗多德导师接着说："居鲁士的儿子冈比西斯当了僭主后，更为肆意地破坏习俗。他攻下埃及后，不顾当地习俗将埃及法老阿玛西斯的尸体挖出鞭打，并用波斯的神火将阿玛西斯的尸体烧掉。要知道，木乃伊在埃及是神一样的存在，并且埃及人认为火是活的野兽，神怎么能让野兽给吃掉？但是波斯人却觉得不能把一个人的尸体给神！可以说，冈比西斯的命令违背了两个民族的传统习俗。之后，冈比西斯变得更加狂妄和疯魔，他不断地破坏和颠倒各种习俗，不过他依然坚守了不能说谎这个最为核心的习俗。"

"但是，他的继任者'七人帮'中的大流士却认为不说谎这一习俗已经不再重要，他觉得必要的时候是可以说谎的。后来大流士的儿子薛西斯成为僭主后，更加狂妄，为了自己的私欲要去征服希腊。这就是波斯的僭主政治，大家觉得这样的制度有什么弊端呢？"希罗多德导师问道。

"我觉得这种制度完全依赖于个人，如果僭主的各方面好还行，如果碰上不好的，将是整个国家的不幸。"一个同学说道。

另一个同学说："当一个人有了至高无上的权力，并且没有法律和习俗的制约，就可能做出破坏习俗的事情。"

希罗多德导师点头道："是的，政治生活恰当的界限和范围是由习俗规定的，如果政治运作超过习俗的边界，那么政治就变得没有根基。每一个文明要想在政治领域生存，就需要将自然和习俗结合成人的生活方式，这里自然和习俗是共同发挥作用的。僭主政治下的波斯因为僭主一次次越过习俗的界限，最后只剩下纯粹的自然力量，这样的统治是根本行不通的，也是没有根基的。

虽然在形式上看似统一，但内部却已分崩离析，尤其像波斯这样的多民族国家，根本没有凝聚力，怎么可能长久存在？最后的失败也是必然的。"

听了希罗多德导师的分析，大家纷纷点头称是。有一名学生问道："导师，就我所知希腊当时的政治虽然有共同的习俗，但是各城邦也处在分散的状态下啊，他们怎么就团结起来了呢？"

"因为战争！"另一个同学道，"当时我们国家的国共两党，不也因为日本的侵略而联合起来了吗？"

"是的，共同的习俗只提供了团结起来的可能性，但战争却带来了团结的契机。当时波斯帝国的军队规模远远超过希腊政治联合体，看起来屈服于波斯才是最好的选择，但是希腊人没这样做，而是选择勇敢地战斗，这又是为什么呢？"希罗多德导师问道。

"因为这场战争的输赢决定了谁将奴役谁。我们来听听斯巴达人是怎样拒绝波斯人的劝降，就明白了：'你知道做奴隶的滋味，但是你却从来没尝过自由的滋味，你根本不知道自由有多美。如果，你也尝过自由的滋味，你就会劝我不仅要用矛头还要用斧子去为它战斗了。'"

"其实希腊和波斯的战争，也是雅典民主政治与波斯僭主政治之间的斗争。雅典之所以能击败庞大的波斯帝国，主要是因为雅典的民主和自由激励着希腊人，让他们无所畏惧，为自由而奋战！当然，不可否认，还有一些偶然因素导致了希腊人的胜利，可能这也是天命使然吧！"（如图1-4所示）

图 1-4　希腊和波斯的战争

　　一位同学马上反击道："导师，对于您说的'天命'我不认同，我觉得这是历史发展的必然。从古至今，没有一个国家能永远强大，再强大的国家都会盛极而衰，最后消失在历史的长河中。"

　　"既然历史是由人创造的，而人又具有共性和个性，那么历史肯定也具有必然和偶然的特性，历史学也具有一致性和分歧性。因为历史学研究的对象是具体的人，是历史事件中每个人的内心活动，这是极其复杂的，不是简单几个词语就能概括的，不同的人会有不同的看法，这是必然的，所以这位同学我不想就这个问题跟你争论，我们各自保留自己的看法吧。下面，我想跟同学们分享一下自己在《历史》写作中是怎么获得史料，又是如何取舍的。"

第三节　怎样获得史料，又如何取舍？

　　"导师，您不是通过游历获得史料的吗？"一名同学问道。

　　希罗多德导师抬头看了看远方蔚蓝的天空，好像又回忆起那段游历的时光，语气轻快地说："那只是其中的一种途径，还有一些其他的途径。虽然你们现代获得史料的途径非常多，也非常便捷，但我觉得我那一套老方法对你们研究历史也还有一点作用，所以我想借这个机会跟大家分享一下。"

听到导师说得这样真诚，一些思想还在开小差的同学赶紧拉回了思绪，开始认真听导师的课。

"第一种是文献史料。我的《历史》中引用了大量的文学作品，既有官方的，也有私人的。你们应该知道，我那个时代历史记忆刚从口传历史上升到文字记载不久，书籍还是很少的，所以文献史料也有限，能找到的文献史料不过是一些文学作品（像《荷马史诗》、一些散文纪实等）、神谕等宗教档案（大多来自德尔菲神庙，包括希腊本土神庙，还有蛮族神托所的神谕）、异族人的年代记等官方文献。幸好我是你们口中的'富二代'，才能接触到这些，如果是个穷小子，可能我也没有机会在这里给你们上课了。"

"第二种是考古史料，包括一些碑铭、纪念物及我在游历中的所见所闻。我在游历中收集了一些地方的民情风俗、传说、旧闻，虽然资料不是很多，但这些经历对我的人生观、历史观产生了深远的影响，可以说没有那些游历上的经历，我也不会是现在的我。"

"我用得最多的是第三种，就是口述史料。不管别人告诉我什么，甚至有的我也不信，但是我都会把它记录下来，可以说是'有闻必录'。这些口述史料，大部分是我所要记录地区居民的实地采访，有不少口述者是希波战争的参与者。每到一个地方，我都会详细去考察当地的人情地貌和风俗习惯，并探访当地的居民，尤其那些知识渊博的祭司我更不会放过，总是想尽一切办法

让他们把知道的故事都告诉我。"（如图1-5所示）

图 1-5　史料的来源

　　"所以，导师您在您的作品中声明'我的责任就是记录人们所说的一切，尽管有的我自己都不相信是真实的。我的这个声明适用于我著作的全部'。"

　　希罗多德导师有些不好意思地点点头。

　　一名同学不解道："导师，据我所知在您当时的时代文字早已成熟，并且也有了不少文字记载，既然口述史料那么不靠谱，您为什么还要大量使用口述史料呢？"

　　"这主要是因为在当时的情况下实地搜集资料还有很大的局限性。虽然当时希腊文字已经成熟，并且有了学校，但书籍还是很罕见的，而且都是手抄本，只在少数人手中流传。后来虽然出现了可销售的书，但大多数人只能在学校接触到文字材料的机会，或者到公共场所听演讲。真羡慕你们这个时代，有互联网，想要获得什么材料都很容易。"

"当然，这只是一个原因，还有一个原因就是战争也是有一定实效的。我着手写希波战争时，战争刚结束不久，很多亲历战争的人还活着，对战争记忆犹新，所以找他们来讲述这个历史相对来说更方便一些。此外，还有我这个希腊人对口述历史的偏爱吧，你们也知道《荷马史诗》和《大地环行》对我有很大的影响。"

"原来客观如导师您也有自己的感情偏好！"一位女同学不禁说道。

"这是当然。所以这也是口述史料的弊端，因为每个人都有自己的喜好，在叙述时会无意识地加入自己的一些感情，最后导致自己所说的偏离了事实，这也是无法避免的。"希罗多德导师道。

"是的，记得我读过梁启超后来在检讨自己多年前所写的《戊戌政变记》时说，自己当年写这本书时非常气愤，因为有很多感情在里面，所以有的事实被夸大了，这样歪曲了事实的资料是不能当作信史的。所以说，即使是亲历者所说的也不一定就是客观事实。"一位戴眼镜的男同学说道。

希罗多德导师点头称赞："这位同学说得非常对。所以，历史不是一些事件的简单相加，而是充满了当事人复杂感受的矛盾集合体，没有谁能够拥有上帝的视角，不受任何影响地去看待那些事件，就连具有专业素养的历史学家都不能摆脱这些影响，更何况那些非专业的参与历史的讲述者？所以我们对史料要学会取舍。"

"为了让我的叙述更加客观，我会博采众说。即便是同一件事，我也会采访不同立场的人，将他们不同的说法都记录下来，所以你们在读《历史》时会经常看到'希腊人是这样说的''波斯人却有另外的说法''有人这样说''还有人那样说'等。然后，我会把这些记录放在一起相互参证，分析出哪些是没有疑义的，哪些是可能的，哪些是不可能的，哪些是有争议、需要暂时存疑的。"

"当然，对于有的材料，我还要运用逻辑推理去分析。对于一些可疑的材料，我通常将它们记录下来，并且提出自己的意见，然后去实地进行考察。比如，我听到有人说阿拉伯有一种带翼的蛇，为了验证这个说法到底是真是假，我不远千里、跋山涉水到阿拉伯当地进行了核实。"

"导师，您的这种求真精神对我们现代人来说也是非常重要的！"李彤不禁赞叹道，"有一次，我觉得采访对象说的数据不对，以为自己记错了，就重听了一遍采访记录，确认没有记错，于是就这样写了。新闻发出去之后，才知道是采访对象当时说错了。因为这件事我受到了批评，当时还觉得自己挺委屈，现在想来确实是我没做好，如果我有您这样求真的精神，直接打电话跟采访对象核实一下，就不会犯错误了。"

希罗多德导师微笑着说："谢谢您的称赞，只是即便这样，还有人说我是'谎言之父'啊！"他的笑容有些苦涩。

"导师，每一个时代的历史都有不同的意义，不可避免地有时代的烙印，也有那个时代无法逾越的局限性，我们不能用现代的观点去评价那时的您。在您的时代，人们觉得功绩只有被称颂才能永存，那时人们觉得好的故事是要吸引人的，所以更多关注的是人文主义，对于准确度就没那么多的要求，这不是您的错，是被那个时代限制了。再说您讲述别人告诉您的所见所闻，这就是真实的！至于讲述的人可能因为记忆的偏差，所说的并不一定是真实的，这也是存在的，您不要耿耿于怀。"之前那位看起来很博学的戴眼镜男生（以后称呼为"眼镜兄"）慷慨道。

"谢谢，谢谢你们的理解！"希罗多德导师的声音有些颤抖，"没想到你们不但没有计较我的错误，还来安慰我，这让我很感动。我决定把自己总结的一些历史叙述技巧，全都告诉你们。"

第四节　历史叙述的窍门

同学们听到希罗多德导师的这句话都惊呆了，没想到导师这样的伟人也很在乎后人对自己的评价，并且还要将自己的叙述窍门倾囊相授，这太让人感动了。

"我的朋友，首先提醒大家一下，在我生活的时代，'写作'这个词是包含在'叙述'里面的，一个作者只有将自己'写'的东西讲给大家听后，才算完成了'写作'的任务。当年我就是在这个广场上，将《历史》朗读给聚集在这里的人听的。为了引起大家的兴趣，有时需要直接与听众交流，所以通常是在大故事中套用小故事。我的《历史》中有很多线索，随便把某一段拆开，都是可以随意讲述的客体。对于同一件事，我通常会从不同的立场、不同的目的去解读，因为这种方式符合当时的社会习惯，广受欢迎！不过，你们今天可能觉得这样的叙述方式有点乱，觉得一件事还没讲完就插入另外一件事，有时候还会在'插话中插话'，并且插得挺长，估计不太符合你们的阅读习惯！"

下面有几个人点了点头，看来他们都读过导师的著作了。一个同学说："我读的时候是先略掉那些'插话'，直接把一个故事看完，然后再回过头来看'插话'的。不过，导师您的故事都很吸引人，里面每一个人物形象都非常生动鲜明。"

另一位同学接过话来，说："是的。导师描绘的那场关于梭伦和吕底亚国王克洛伊索斯的对话让我印象深刻，里面将吕底亚国王的鼠目寸光与卢梭的聪颖贤达描绘得栩栩如生，并且还将这两个人放在一起对照，让人物的性格更加突出。"

"导师，您放弃了神话的形式，直接用叙述的手段来描述人类的历史事件，特别是战争和政治动荡的社会原因，这真是超越了前人啊，从此您的这种历史叙述方法被当成史学家的一个传统了！"一位同学称赞道。

"哈哈，说得我都不好意思了，不过我之所以采用这种方法也是模仿和借鉴了前人。我从小就非常喜欢《荷马史诗》，受它的影响，我书中的语言、形式、情节结构还有叙事手法，都带有浓重的'荷马风'。你们想要写出好的历史作品，也要多读前人的著作，尤其是经典的，你们喜欢的那些著作，这样潜移默化，慢慢你也就有了他的风格。当然，还要结合自己的创新！"

希罗多德导师又道："在《历史》的写作中，我用正叙的方法描写了希波战争，里面有时也会运用一下倒叙，这个用得不是很多，用得最多的是插叙。我通常在叙述一个历史事件时用插叙的方法来描写当地的地理环境、风土人情、经济生活、名胜古迹、宗教信仰等。当然，在插入的时候，我会寻找一个最适合的地方，不去破坏作品整体的美感。这样做主要是对希波战争进行必要的补充和完善，不让自己的《历史》变成一本枯燥的编年史，而是力争将它写成一部能吸引人的读物。"

希罗多德导师接着说："在叙述这些故事时，除了顺叙、倒叙、插叙的叙述方法，我的书中还涉及多样化的题材。因为写作时史料来源丰富，上一节我介绍过主要是文献、考古、口述三类，不同的史料来源造就了多样的题材，比如神话传说、家族谱系、人种志、地理描述等。对于神话，我持有不予评价的'客观中立'立场；对于不同的人种，我主要从各民族不同的风俗习惯入手，有时还会介绍其宗教、婚姻、教育、地位等信息；对于地理描写，我是将自己所获得的信息都写上了。"（如图1-6所示）

图1-6　历史的写作手法

　　"所以，导师您为我们展现的是一幅宏伟、立体的古代近20个国家和地区的民族生活画卷啊，简直就是古代社会的小'百科全书'！"一位女同学赞叹道，夸得希罗多德导师也开心地笑了。

　　"导师，虽然我们研究历史是要追求真相，但历史事件是无法重现的，随着时间的流逝它们离我们越来越远，这时只能依赖一些证据来帮我们讲故事，比如您著作里运用的那些亲历者的回忆，或那时的一些文献资料等，但这些证据通常都是不完全或者碎片化的，您是怎样将它们拼接起来的呢？""眼镜兄"问道。

"天啊，这个问题感觉好专业！看来我跟人家差得不是一星半点，而是整整一条银河系啊，再不读书我就跟不上了！"李彤心想，"唉，回去要好好恶补历史知识了！"

"同学们，历史学家会尽量多地寻找一些可信资料，然后将这些碎片拼接起来。对于碎片间的缝隙，只能靠看似合理的解释，或者与已知事实相符合的推理来填补了。不过，我们也不能100%确定这是否正确复制了过去。历史，它不仅仅是过去所发生事件的集合，还是作者对历史事实的解释，所以你们要心胸开阔，能接受不同的意见。但是你们还要学会独立思考，做出自己正确的判断。"

希罗多德导师一一看过大家，然后有些忧伤地说："我的朋友们，愉快的时间总是很短暂，我们到了要分别的时候，真的舍不得你们！不过，还是再见吧！"

同学们都还没来得及说"再见"，希罗多德导师就消失在大家的视线中，当大家摘下头盔时，头脑中还是一片茫然。

小安助教走到教室前面，笑着问道："大家觉得这样的课怎么样？"同学们纷纷点头，说感觉太神奇了。小安助教怪笑道："那么，请大家回去后将自己的上课体验写出来发给我吧。记住，只有认真写下自己感受的人，才有机会听下一节课！"

第二章
汤因比导师讲
《历史研究》

　　本章主要通过4个小节，从汤因比对以往历史研究的缺陷开始讲起，引入文明，然后介绍文明的起源、生长、衰落、解体、死亡五个过程，再介绍汤因比导师的一种标准文明模式：希腊—中国模式。最后介绍了汤因比导师的"大历史"宏观叙述手法，方便大家阅读历史著作，对于想要写历史的同学，也可以学习借鉴。

阿诺德·约瑟夫·汤因比

　　（Arnold Joseph Toynbee，1889年4月14日—1975年10月22日），英国著名历史学家。他出生于历史学研究世家，从小就热爱历史。曾供职于英国外交部，出席过巴黎和平会议，在希土战争期间当过记者，还担任过伦敦皇家国际事务学会研究部主任。1929年和1967年他来华访问，对中国文化给予极高的评价。

　　他从1927年开始写《历史研究》，直至1961年才写完。《历史研究》共12册，主要讲述了世界主要民族的兴起与衰落，被誉为"现代学者最伟大的成就"。因其眼光独到，被誉为"近世以来最伟大的历史学家"。

第一节　以往历史研究的缺陷

为了争取到第 2 次上课的名额，李彤从 A 大回去后就开始认真写自己的上课感受，检查无误后才发给小安助教。当得知自己获得第 2 次上课的名额后，她的心才算落地。开心之余，李彤还向小安助教请教，像自己这样对历史知之甚少的人应该读哪些书才能提高。根据小安助教的推荐，她赶紧买了一些书籍准备恶补，争取下次上课不再像个白痴。

礼拜一，李彤跟师傅一起出去采访，回来后李彤就开始构思稿件。在构思时，李彤想起了希罗多德导师说过的"写作目的"，于是就将自己的目的写了下来；还想起了导师讲的，即便同一事件也要从不同的角度去分析，于是将这次采访所涉及的各方都写了下来，然后将他们的不同观点也记录整理下来；最后，自己的看法是什么呢？李彤看到这些杂乱的看法，有些迷糊了。

不过不能什么看法都没有就把稿子交上去啊，要不又会被师傅批评读书少没见识了，李彤只能硬着头皮写了一点自己的看法，然后将采访稿交给了刘记。刘记看完后，用手指敲着桌面说："不错，比上次提高了一点，但是对于观点的提炼还是有待提高，继续努力！"

从刘记办公室出来后，李彤努努嘴，给自己打气道："早晚有一天，我要让你无话可说！"

越是有所期盼，时间过得越慢。李彤感觉好像都过了一年，才等到第二次上课。这一次，李彤早早就赶到了教室，没想到很多人已经到了，大家正聚在一起讨论呢。

来上这节课的，除了一小部分学生，大多是各行各业的历史学爱好者。那个"眼镜兄"就是个历史学爱好者，已经研究很多年了；那个"眼镜妹"是个写历史小说的，对一些历史故事也是如数家珍；还有那个学生，是历史系的高才生……

李彤默默地走开了，跟他们一比自己就是一个"历史渣渣"啊。不过幸好，现在她开始对历史学产生兴趣，"兴趣是最好的导师"嘛。

戴上头盔，李彤心里想："今天的导师会是谁呢？"

睁开眼睛的时候，李彤发现自己好像在一个书房，四周都是书，并且都是外国文字。

"欢迎大家的到来！"略带磁性的声音响起，一位穿着西装、打着领带、口袋上还放着白手绢的外国帅大叔从沙发上站了起来，沙发背上绣的是中国的牡丹。

"能再次见到东方面孔，我很开心！我叫汤因比，是英国人，曾经到中国做过研究，记得当时火车还在山海关停了很久。我很喜欢中国，这个稍后再说，我们还是先谈正题——关于历史学的一些问题。"

汤因比导师走到大家面前，问道："大家有没有发现，以往历史学家在研究历史时存在什么问题？"

"眼镜兄"抢着回答道："导师，您在《历史研究》的开篇就指出，以前的历史研究只是将民族国家作为一般的研究范围，这大大限制了历史学家的眼界。"

"是啊，以往的历史学家进行历史研究时，常常以某一个国家为中心，把人类历史分散成国别史，明显呈现出一种以自己为圆心向外发散的研究方式。之所以反对这种研究方式，是因为我发现，如果按照老一套的方法去研究历史，在欧洲根本没有哪一个国家能独立说明自己的历史问题。为了避免这样的问题再发生，我认为只有将那些历史现象放到一个更加广阔的范围——文明中去比较和考察，才能解释清楚那些历史现象。"汤因比导师说道。（如图 2-1 所示）

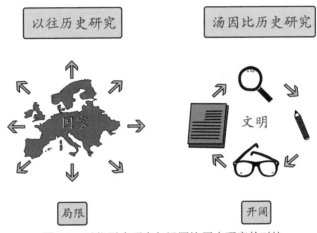

图 2-1　以往历史研究与汤因比历史研究的对比

"文明是什么？文明就是具有一定时间和空间联系的某一群人，它不只包括一个国家，可能同时会包括同样类型的好几个国家。我们知道，文明本身又包含了政治、经济、文化三方面，其中文化是文明社会的精髓。"

"每一个文明也跟生物体一样，经历起源、生长、衰落、解体和死亡五个发展阶段。文明和文明之间就像生命体的延续，具有一定的历史继承性，每一个从旧文明中成长起来的新文明，都会比旧文明有所进步。每一个文明或是'母体'，或是'子体'，或者既是母体又是子体。"

汤因比导师接着说："可能有人不解，我们为什么要从更大的范围，要从整体上去研究历史。因为随着科学技术的进步，人类可以轻易地从地球的一端到达另一端，可以说已经消除了空间上的距离，但人类并没有在精神和政治上达到同样的状态，战争还在继续，各地纷争不断。我自己就曾经历了两次世界大战，亲眼看到了战争给人类文明带来的巨大破坏。我觉得人类的互相残杀正在将人类推向自我毁灭的危险境地。现在，人类已经有了终结人类历史甚至全部生命的力量，如果我们还不觉醒，还不调整方向，必将跌入万劫不复的深渊。"

汤因比导师的声音不知不觉间高昂起来："为了让人类得以继续，我们必须要实现政治和精神上的统一，这就要求我们必须相互熟识，从先熟悉彼此的历史开始。所以我的《历史研究》打破了以往以一个国家为研究对象的传统，以更广泛的文明为研究单位。"

"我把过去6000年的人类历史，划分成21个成熟的文明，其中埃及、苏美尔、米诺斯、古代中国、安第斯、玛雅这6个是直接从原始社会产生的第一代文明；赫梯、巴比伦、古代印度、希腊、伊朗、叙利亚、阿拉伯、中国、印度、朝鲜、西方、拜占庭、俄罗斯、墨西哥、育加丹这15个是从第一代文明派生出来的文明；还有5个文明——波利尼西亚、爱斯基摩、游牧、斯巴达和奥斯曼尚未成熟就中途夭折停滞了。"

一位同学接着说："您摒弃了以往的'欧洲中心论'，没有对西方文明及其历史给予过分的突出，也对欧洲以外的文明，比如东方文明等进行了介绍，这是一种'全球化'的观点。"

汤因比导师微笑道："我们要摆脱'以自我为中心'的错误思想，摆脱自己的文明就比别人家文明优越的偏见，只有这样才能用更加宽广的视野去看待历史和各个文明，才能看到更多的问题。"

汤因比导师的这句话，在李彤心中掀起了巨大的波浪，"是啊，我就是太'以自我为中心'了，总是看不到自己的问题。一个人这样很容易形成'自我膨胀'，一个民族这样又会带来什么危害呢？老祖宗说过'骄兵必败'，看来是非常有道理的。"

第二节　文明的发展规律

"同学们，前面我说了研究历史要以文明为基本单位，但是你们知道文明是怎样产生，又是怎样发展起来的吗？为什么有的文明已经消失了，但是有的文明却还焕发勃勃生机呢？"汤因比导师问道。

环顾一周看到没有人回答，汤因比导师接着说："想要揭示文明的起源，我们先要了解原始社会和文明社会的本质区别。在原始社会，人们模仿的是过去，是已故的祖先，所以传统习惯占统治地位，这代表着一种静止的文化，所以社会停滞不前；但是在文明社会，人们的模仿对象发生了变化，不再是那些已故祖先，而是那些富有创造性的人，也就是模仿的是未来，是一种生生不息的文化。所以文明起源的性质，是从静止状态到活动状态的过渡。那么，文明到底起源于什么呢？"

有一名同学答道："文明起源于种族！"

另一名同学答道："不对，起源于地理！"

"错！种族决定论和地理决定论将文明的运动归因于非生命

因素，这是错误的，它们忽视了人的力量。其实，文明是被逼出来的，我认为它起源于挑战和应战的相互作用！挑战和应战的交互作用才是文明演进的基本模式。"汤因比导师激动地说。（如图2-2所示）

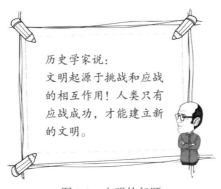

历史学家说：
文明起源于挑战和应战的相互作用！人类只有应战成功，才能建立新的文明。

图2-2　文明的起源

看到大家茫然的表情，他接着解释道："这里挑战是指人所遭受的生存环境中的困难，应战就是当人遇到挑战时的反应。人类只有成功战胜这些挑战，也就是应战成功才能建立新的文明。所以说，文明起源于挑战和应战的相互作用。大家说，是挑战越大越有利于文明的产生，还是挑战越小越有利于文明的产生呢？"

一位同学答道："导师，我觉得越大越有利，因为越难越能激发人的潜能，从而创造出文明。"

"如果太难了，人们根本无法战胜怎么办？比如人类无法应对的自然灾害——地震、海啸等，人类在大强度的自然灾难面前根本没有还手之力，还怎么战胜？文明不被毁灭就不错了！"另一位同学反驳道。

"同学们，虽然生存环境越困难越有利于文明的产生，但是这种挑战必须适度，不能太大，也不能太小。挑战太大，刺激过度，将会导致人类应战失败；挑战太小，无法刺激人类起来应战，文明便无法成长。"

"其实个人成长也是这样啊！"李彤心想，"如果压力太大，容易把人压垮；压力太小，又调动不了人的积极性。看来我得给自己一个适当的压力。"

汤因比导师接着说："不过，文明能否出现，仅有适度的挑战还不够，还要看有没有少数具备创造能力的人。这些人是应战的领导者，有了领导者后面的人才会加以模仿，这样文明才能不断地生长。你们说，文明出现后，肯定能成长起来吗？"

"这个无法肯定吧！就像我们人一样，有的还没长大就夭折了！"一同学答道。

"是的，文明也跟我们生命体一样，出现后并不一定都能顺利成长起来。有的文明刚出现就死了，有的文明成长到某一阶段就陷入停滞状态。文明能否顺利成长，主要取决于人们在面对挑战时能否应战成功。文明在成长阶段，其面临的挑战主要来自两方面：一个是外部环境的挑战，包括自然环境和人为环境；另一个是来自社会内部的挑战，这是判断文明是否成长的关键。只有以自省形式展现出来的成功应战，才是真正成长的文明。"

汤因比导师接着说："文明的成长依赖于那些拥有创造力的少数人，他们不仅能成功应对挑战，还能引起社会模仿，使得当前的社会失去原有的平衡，然后又进入一个新的平衡，从而产生一个新的文明。"（如图 2-3 所示）

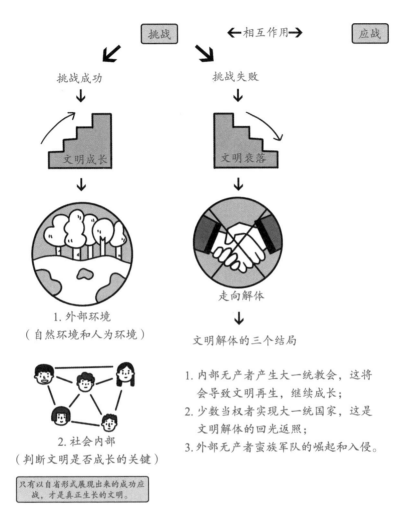

图 2-3　文明发展的过程

　　"导师，您这个少数精英决定论的观点我觉得不对，您把少数人的作用夸大了，忽视了广大人民群众的作用；另外，在文明成长过程中，您没有看到社会关系发展的作用。""眼镜兄"说道。

　　"这个批评我接受，虽然我提倡历史学家要眼界开阔，但我的眼界也是有局限的！"汤因比诚恳地说。

"果然是大师，这胸怀简直无敌了！"李彤心里赞叹道。她赶紧找了一个话题来化解导师的尴尬："导师，文明会一直生长下去吗？"

"不会！当挑战过大，应战敌不过时，文明就会在任何一点衰落下来。文明为什么会衰落呢？主要原因是自省的缺失。当年雅典和威尼斯的自我崇拜，东罗马帝国对自己制度的自信，罗马教廷对胜利的陶醉，都让他们的文明丧失了自省能力，从而走向了衰落。虽然，衰落也可避免，但当一个文明一直无法成功应战的话，最终就会走向解体。"

"历史总是惊人的相似，文明走向解体时，都有一些共同的特点：群众开始远离他们伟大的领袖，领袖为了保护自己的绝对地位，开始使用武力来使群众屈服，最终还是逃不掉分裂的命运。如果是横向分裂，则变成多个政权；如果是纵向分裂，则变成少数当权者、内部无产者、外部无产者三股主要势力。"

汤因比导师忧伤地说："最后文明解体会带来三种结局：内部无产者产生大一统教会，这将会导致文明再生，继续成长；少数当权者实现大一统国家，这是文明解体的回光返照；外部无产者蛮族军队的崛起和入侵。"

一位同学好奇地问："导师，我们通常认为大一统国家是文明兴盛的象征，您为什么说它是文明解体的回光返照呢？"

"因为大一统国家通常都是兴起于文明崩溃之后，经过长久的战乱纷争，人们渴望统一，大统一后的和平环境带来了超民族的文化融合，不仅在语言文字方面，还在交通系统、城市建设和文官制度等方面都取得不错的成绩。而这些却让大统一宗教得以壮大，这必将引起大一统国家的压制，最后演变成军事冲突，所以帝国灭亡时，反抗力量大多是以宗教形式出现。所以说，大一统国家是文明解体的回光返照，这个希腊化的罗马帝国的例子最为贴切。"

"导师，有没有一个标准的模式来衡量人类历史发展的各个阶段呢？"一名同学问道。

第三节　希腊—中国模式

"我认为希腊—中国模式就可以用来解释人类历史发展的各个阶段。"汤因比导师笑答。他故意停顿下来，似乎是在等着大家反驳。

"导师，希腊和中国在位置上相隔这么远，在文化上也是完全不同的两个国家，它们怎么能联系起来？"一位同学站出来反对，还有一些同学点头赞同。

汤因比导师从沙发上站起来，狡黠地反问道："大家还记得我在这节课刚开始时说过什么吗？我们研究历史必须以文明为基本单位，而不是国家！"

大家纷纷点头。

"我发现，作为历史研究的基本单位，希腊文明是非常完整的。第一，它有明确的开端和结尾；第二，关于它的记载非常完整。这简直就是一个标准的研究对象！"汤因比导师接着说。

"希腊文明具体包括了五大要素。第一，从希腊文明的政治史结构来看，它从诞生之日起，在政治上虽处在分裂状态，但在文化上却是统一的，这形成了鲜明的对比。为什么文化统一的希腊文明最终会解体？

主要原因是不同城邦的公民虽然认识到他们有相同的文化，但却不能阻止他们之间相互厮杀。即便后来罗马帝国给希腊带来暂时的和平与秩序，也让希腊付出了昂贵的代价，使得希腊最后再也没有能力维持其世界性国家的地位，最终罗马帝国崩溃，希腊文明也彻底解体了。"汤因比导师叹道。

"第二，从希腊文明解体后的社会结构来看，居统治地位的少数人跟依附者的关系渐渐疏离。这些依附者既包括上层阶级，也包括过去吸引的境外原始民众，这两个阶级逐渐转变为无产者。这些无产者和外部文明'合作'，使得希腊内部的无产者开始蓬勃发展起来。

第三，从希腊文明解体后的宗教结构来看，希腊内部无产者从非希腊文明——犹太文明那里汲取了灵感，创立了基督教，形成了一种新的文明。

第四，从外部无产者（蛮族人）的作用来看，蛮族人在军事上征服了希腊化的大一统国家，建立起后期的国家。但是，跟'内部无产者'相比，蛮族人对新文明的贡献是很小的。不过，新文明的母体——基督教会，却是在他们的辅助下完成的。

第五，两种'希腊化'文明——拜占庭文明和西方文明，都是从希腊文明中汲取灵感，是一系列希腊文明的'复兴'。"一口气说完希腊文明的五个要素，汤因比导师终于停下来，喝了一口茶。

这时一位同学乘机反问道："导师，希腊文明虽然很典型，但是如果用它来解释埃及文明就不合适，因为埃及的政治史跟希腊正好相反，这说明您的这个典型文明也不是放之四海而皆准的啊？"

"是啊，希腊历史的最后才是大一统，但这个却是埃及历史的最初阶段。所以，想要对整个文明作出完整的解释，我们不能直接套用希腊文明的模式，而是要发现新的文明模式。你们猜，这个新的文明模式是谁呢？"说到这里，汤因比导师的眼睛闪闪发光。（如图 2-4 所示）

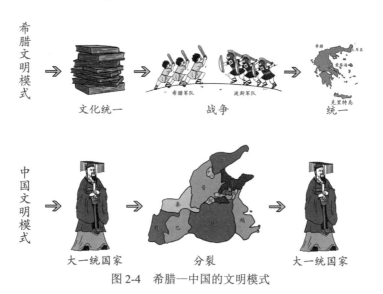

图 2-4　希腊—中国的文明模式

"当然是我们璀璨的中国文明了！"一名同学自豪道。

"对，中国文明！当年我发现希腊文明无法解释其他文明的问题时，决定研究中国文明，看中国文明能否解决我的疑惑。"汤因比导师一边点头，一边激动地说。

"结果让我很惊讶，我发现在秦始皇实现政治统一之前，中国已经实现了文化上的统一。中国最伟大的文化运动发生在烽火连天的春秋战国时期，当时的孔子、孟子等哲学家奠定了中国的文化基础，实现了文化上的统一。"

汤因比导师接着说："我发现中国早期文明跟希腊早期文明一样，都是政治分裂，但文化却是统一的。"

"导师，我不同意您关于我们中国文明的看法，我觉得我们中国五千年的历史，就是一部追求统一，因而不断从分裂走向统一的历史。"一名同学说道。

"我认为只把中国历史当作一整部大一统历史是有所偏颇的，因为中国的早期历史根本不是这样的。还有人认为大一统政权其实是对秦汉以前大一统的复原，是对早期政权的复兴，这不科学。因为历史研究要以考古资料为准，根据我的调研，你们夏朝的存在还没被证实，不能说商和周是秦朝及以后王朝统一的政治实体，所以由秦始皇完成，并由刘邦实现的大一统才是最早的，就像希腊的恺撒和奥古斯都一样。"

又一名同学问道："导师，您的意思就是我们中国秦汉以前的历史和秦汉以后的历史是性质不同的两段历史，是吗？"

"是的！我觉得秦汉以后的中国文明也是一个非常成熟的标准文明，于是我就用中国文明模式来检验其他文明，不过很遗憾，中国模式也存在很多不足。我想，能否将这两种标准模式结合起来，变成希腊—中国模式，各取它们的长处，用希腊模式去解释各个文明的早期阶段，用中国模式去解释各个文明的晚期阶段，从而构造一个新的模式呢？"

汤因比导师沉浸在自己的回忆中："结果我发现，这个想法是可行的，用希腊—中国模式可以概括其他各大文明发展的形态。你看，各个文明在开始时虽然文化统一，但是政治却没统一，这样的政治局面导致各个地方和各个国家之间战争不断。随着国家的发展，战争越来越激烈，最后整个社会都崩溃了，于是在这之后建立了大一统的国家。不过，大一统国家建立后，会周期性地陷入各种分裂状态，分久必合，于是又重新建立大一统国家。但是，这不是终点，这种政治的统一会再次被打破，这种分分合合的状态会重复发生。"

“说得挺有道理，我们中国好像是这样啊！”李彤心想。

汤因比导师自豪地说：“我的这个模式不仅适合你们中国文明，还适合其他大多数文明。人们可以用希腊模式来解释从区域性小城邦到大一统帝国的情形，然后用中国模式来了解大一统帝国所带来的各种纷乱，中国模式很好地揭示了人们如何在治乱交替中仍然保持稳定发展。这就是我的希腊—中国模式。”

“我觉得中国人比世界上其他所有民族都具有一惯性。几千年来，无数中国人无论在政治上还是在文化上，一直团结至今，展示了统一的本领，并拥有统一化成功的经验，这种统一化倾向是当今世界需要的。我认为，未来中国人将会在人类统一一过程中扮演重要角色。我祝福你们，我东方的朋友！”

汤因比导师的一番话说得大家热血沸腾，摩拳擦掌，准备为世界和平做出自己的一点贡献。

第四节　“大历史”写作

看着眼前这群慷慨激昂、风华正茂的年轻人，汤因比导师欣慰地笑了。他用手敲敲桌子，说道：“好了，大家安静！友情提醒一下，在你们去拯救世界前，我们还是先来学习一下‘大历史’写作，这将有助于你们完成使命！”

听到汤因比导师这样说，大家赶紧收敛心神，集中注意力倾听导师的“独家秘诀”，争取不放过一个字。

“同学们，我们阅读和书写历史时，或者关注某些具体的历史场景，或者尝试从整体上去把握人类历史的来龙去脉，我就是试图用后一种方法来阐述人类历史的。这种方法被后来的大卫·克里斯蒂安称为'大历史'。所谓的'大历史'，就是统一的人类史，囊括了所有民族、国家、团体的统一的故事，这是一种历史叙事的新视角。为什么我们需要用'大历史'的观点来讲述历史呢？"（如图 2-5 所示）

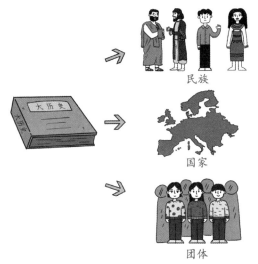

民族

国家

团体

图 2-5　"大历史"写作手法

"因为现在是全球化时代，如果我们还是像以前那样，仅仅从各个民族国家的角度出发去讲述历史，那样会让我们觉得各个民族国家之间彼此还是竞争的，让我们从潜意识里认为人类其实还是彼此分裂的。这种分裂、狭隘的民族主义历史观会导致各民族的冲突。在人类已经有了毁灭自己的能力后，如果还这样继续下去，最终将会给自己带来毁灭性打击。为了人类的未来，我们需要'大历史'！""眼镜兄"侃侃而谈。

"说得非常正确！我也是担心人类的毁灭，所以想要用另外一种角度去书写人类历史，只是我没有做好。"汤因比导师遗憾地说道，"不过，现在有人做到了。现在所写的'大历史'，在时间跨度上比之前的更长，并且不再是以人类为中心，而是在宇宙时间上研究宇宙、地球、生物及人类之间的相互关系。这种更加开阔的视角，我觉得非常好。"

汤因比导师接着说："虽然我之前的'大历史'在时间跨度上没有他们的长，但也需要掌握大量的史料，并且还要用理论去大胆构建人类历史的基本脉络和规律。一个人的知识是有限的，有时难免会有考虑不周的时候，所以《历史研究》肯定有错误的地方。"

"导师，您的书当年很受欢迎，有报道说您是'世纪智者'，您还登上了《时代周刊》！"一名同学八卦道。

"有赞同肯定有反对，你没有看到别人对我的批评。有人批评我'把社会生命看作一种自然生命而不是精神生命，这就好比某种纯生物学的东西，最好根据生物学的类比加以理解'。有人取笑我用想象和理论去填补历史空白，认为我的历史学太过主观，已经走向了神学。最后我的'大历史'在史料、理论和政治形态的多重打击下逐渐枯萎了。"说到这些，汤因比导师有些难过。

"导师，虽然'大历史'在'二战'后慢慢冷却，但在近二十年又开始兴起了，像大卫·克里斯蒂安的《时间地图：大历史导论》《简明大历史》，尤瓦尔·赫拉利的《人类简史：从动物到上帝》等都受到大家的追捧。这说明人们还是渴望从整体去了解人类历史的，同时也说明还有一部分历史学家继承了您当年的夙愿。"一名学生安慰道。

汤因比导师说："当年我在写《历史研究》时，需要涉及历史学、哲学、宗教学等多门学科，这对我来说是一个巨大的'挑战'，我没有逃避，而是选择了积极'应战'。虽然我无法摆脱个人生活经验的束缚，无法摆脱历史的局限性，但我努力将它们的影响降到最低，即便如此还是出现了不少错误，对此我很抱歉。不过，我并没有后悔写这本书，如果再给我一次机会，我一定还会用'大历史'写作！"

"导师，您用自己的实际行动印证了您提到的挑战与应战理论。您的理论揭示出人类历史是人和自然相互作用才创造出来的；当面对外部挑战时，人类如何选择，体现了人的创造性，是因为我们的选择才造就了现在的我们；是您向世人揭示出每个文明面对挑战所表现的创造力；人类多种多样的文明史也告诉我们，历史不是'被注定'的，人也是可以选择的，这就是人缔造历史的方式。""眼镜妹"称赞道。

"原来我觉得历史学不过就是研究历史而已，没什么实际意义。但是，通过这两次课程，我发现自己以前的想法太片面了。回溯历史才能更好地展望未来，并且历史学家也不仅仅是一个学者，还肩负着重要的社会使命。当今世界面临着很多迫切的问题，只有立足于一个长时间的维度去思考，才能看得更远。而'大历史'的视角能帮助我们更好地解决那些问题。"另一名同学说道。

"同学们，现在因为科学技术的发展，无论东方还是西方，人文学科的地位都受到了影响，历史学的荣光已不及往日；此外，因为历史学越来越专业化，离大众生活也越来越远，艰涩难懂的理论让大众失去了对历史研究的兴趣。如果再这样下去，历史学最终会消失于大众的视线。朋友们，现在需要你们积极行动起来，重新唤回大众对历史学的兴趣，重拾历史学家的社会地位，用'大历史'观让这个世界更和谐，一切都看你们的了！"汤因比导师边挥手边说道。

第三章
李济导师讲
"遗迹中的历史"

　　本章主要通过4个小节，从李济导师发现的第一个仰韶文化遗址开始，到安阳殷商文化遗址，中间介绍了当年中国成立考古队的缘由，考古中用到的一些方法，简单介绍了中国近代考古的发展，以及考古对历史学的重要意义。

李济

　　（1896年7月12日—1979年8月1日），中国现代考古学家、中国考古学之父，中国人类学家，湖北钟祥人，前后发表考古学著作约150种。

　　1926年，他主持山西夏县西阴村仰韶文化遗址发掘，这是中国学者最早进行的独立考古发掘。

　　1928—1937年，他领导并参与了震惊世界的安阳殷墟发掘，使殷商文化由传说变为信史，并将中国历史向前推移了数百年。

　　1930年，他主持济南龙山镇城子崖遗址发掘，让龙山文化呈现于世人面前。

　　他让我国考古发掘工作走上科学轨道，并培养了中国第一批水平较高的考古学者。

第一节　隐藏在陶片中的秘密

　　自从上了这门有趣的历史课，李彤觉得自己每天都过得非常充实，她白天上班，晚上看书，周末上课。李彤还惊喜地发现，自从坚持每晚看历史书以来，已经有段时间没失眠了，因为一看那些书很快就有了睡意，这是不是意外的收获呢？

　　因为睡眠好，李彤每天都很精神，上班的效率也提高不少，刘记在批评她的同时也会风轻云淡地表扬她一下。不过经过历史大家的"洗礼"，李彤现在已经能平静地面对这些批评与表扬了。

　　她开始把每一个困难看成"挑战"，把每一次努力看成"应战"，她告诉自己只有应战成功才能成长。在这样的激励下，她开始主动去做一些没人愿意做的"苦差事"，开始主动挖掘材料背后的故事。对于她的这些变化，刘记看在眼里，对她的稿件提出了更高的要求。

　　这个周末是个好日子，阳光灿烂，万里无云，李彤早早来到教室，大家正在猜测今天来上课的会是谁。

　　戴上头盔后，李彤和同学们出现在一个大坑里，感觉坑底距离上面有三米多高，一个穿着长衫的中年男子正孤独地站在一个小土堆旁沉思。

　　"难道这是个中国人？"李彤心想。

　　看到有人来了，那个穿长衫的人快步走了过来说："同学们，见到你们非常高兴！我是李济，可能大家都没听说过我，今天我会给大家讲讲考古学知识。"

"导师，我知道您，您是我国'考古第一人'，参与了仰韶文化、安阳殷墟、龙山文化的考古发掘工作！"一名同学兴奋地说，"之前我还想能不能在这次课里看到您呢，没想到真的看到了，好激动！"

"没想到还有年轻人知道我，谢谢！今天我也很激动，能再次来到这个地方！大家知道这是哪里吗？"李济导师环望四周，声音里有一丝颤抖，"这是山西浮山县交头河村，是我们当时发现的第一个'仰韶期遗址'！"

听到仰韶遗址，大家都惊呆了。得知自己居然站在仰韶遗址上面，很多同学赶紧低头看看脚下是不是有陶器之类的宝贝。

李济导师笑道："大家不用看了，早被我们收集走了！"

"当年，我和地质调查所的袁复礼先生一起来山西进行考古调研。我们在一个黄土斜坡上捡到了一片风格古朴的红色陶片，我猜测附近肯定还有类似的陶片，于是一路上我们都看得很仔细，后来果然又看到一些周代和汉代的灰陶片。"

李济导师接着说："我们继续走，突然在一片枯萎的湿草中又看到一片黑色花纹的红色陶片。我们走了过去，看到了很多类似的陶片，它们一片接一片静静地躺在那里，等待我们的到来。这就是当年我们发现彩陶碎片的地方，也是我们在山西找到的第一个仰韶期遗址。我们在这里收集了 127 片陶片，其中 42 片是带彩的，带彩陶片中还有 20 片是有边的。"

"导师，您当年发掘的好像不是这里，应该是西阴村吧！"那位知道李济的同学不解道。

"是的！我们离开了这里，赶往其他考察点，其中一个就是夏县，那里有传说中的大禹庙和禹王后裔，以及大臣的陵墓。以前史学家对于三皇五帝的传说只是怀疑而已，没有谁想着去实地考察。我想将考古发掘与传统的中国史结合起来，让中国史学界不再停留在对史料的怀疑上，而是用锄头去发掘，去验证。"

"原来这就是导师您虽非科班出身，却转投考古事业的原因！"另一名同学说道。

"这只能算是其中一个原因吧！当时很多跟中国古史有重要关系的材料，大多是由外国人寻找出来的，这让我这个中国学者汗颜，我不想以后还是这样，所以我拿起了铲子！"

"闲话不说了，我们还是继续之前的话题吧。"正当同学听得津津有味时，李济导师突然转换了话题，"当年我们穿过西阴村，突然看到一大片史前陶片，你们知道那有多么震撼吗？"李济导师脸上带着梦幻般的微笑，应该是陷入过去的回忆中了。（如图 3-1 所示）

图 3-1　偶然的发现

"估计跟我看到一座金山的感觉是一样的！"一名同学戏谑道。

李济导师缓缓道："这个遗址面积有好几亩，比之前在交头河发现的遗址要大很多，并且陶片也有所不同，彩陶的图案主要有三角形、直线和大圆点，于是我们将这个地方初步确定为未来的发掘现场。为了不引起当地村民的注意，我们强压内心的激动，装作很随意的样子捡了一些碎陶片后，就匆匆离开了。"

一名女同学问道："导师，你们发现了这么大的史前陶片遗址，难道不得马上就发掘吗？要是被盗墓的发现，偷盗了多可惜！"

"当时我们只是去调查，然后要将调查情况上报，只有得到批准后才能去发掘。"李济导师解释道。

"导师，我看一篇报道说您当年在调查回去的路上还感染了伤寒，即便躺在病床上，您还一心筹划着西阴村的考古发掘工作。"一位同学说道。

"因为当时心里非常着急。看到那么大的史前遗址，一天不去发掘，一天不去证实，我的心就一天不踏实！当时，以瑞典地质学家安特生为代表的西方学术界，认为我中华史前彩陶是'西来'的，我觉得他的结论太过武断，因为他的很多解释没有切实的证据。只有将我国境内史前遗址完全考察一次，才有可能解决这个问题。"李济导师说道。

"1926 年 9 月，病好后，我和袁复礼再次前往西阴村，正式开始考古发掘。经过两个月的发掘，虽然没有发现传说中的夏都，也没有找到中华文明并非西来的铁证，但是却发掘了好几万陶片，还发掘到了石器、兽骨、琉璃等，还有引发学术界长期争议的'半个蚕茧'等新石器时代的遗物。"李济导师自豪地说。

"导师，据报道当年您用九辆大车，五六十匹马骡，走了9天，才将六十箱陶片运回北京，是这样吗？"一名同学好奇地问道。

"是的。当时还有人问我们：'你们花了那么多钱，难道就是为了这些破陶片？'当时很多人都不理解'掘一个坟，寻一块骨头，里面就有学问'，很多人不知道这些陶片真正的价值，不知道它们隐藏了多少秘密。"李济导师提高了声音。

"考古学家能从这些仰韶遗址中了解当时人们的生存环境、居住环境、村落形态、日常生活乃至社会组织、意识形态、婚姻关系、丧葬习俗等。有了这些内容，几乎就能还原当时社会的生活方式。这就是当时的历史，是通过实物证实的历史。"

李济导师接着说："通过那些陶片我们可以知道，仰韶文化时期的制陶业是非常发达的，而制陶的技术又能代表当时手工业经济发展的水平。仰韶文化时期的彩陶花纹和风格虽然不同，但也有共同的特点：早期是以红底黑彩或紫彩为主，中期变成了先涂绘白色或红色，再加绘黑色、棕色或红色的纹饰，有的黑彩还镶了白边，非常美丽。通过对彩陶图案纹饰痕迹的分析，可以知道当时绘画已经使用了像毛笔一类的软工具。通过陶器上大量跟鱼相关的图案，以及出土文案中骨制的鱼钩、鱼叉、箭头等，可以推测仰韶时期人们还进行渔猎。这都是那些'古物'告诉我们的，不是我们的想象。这些陶片对研究中华文明史有着重要的意义，对于重建中国古史，探寻中华文明之源都有着重要的意义。"

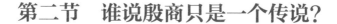

第二节 谁说殷商只是一个传说？

"根据《尚书》《史记》等文献记载，商王朝大概延续了五百年，并且数次迁都，第19代商王盘庚迁都至殷后又经历了8代，直到商灭亡，最后变成废墟。对于这样的史料记载，有人深表怀疑，当时恰逢安特生'中国文化西来说'在世界上盛传。难道这些史料记载真的只是一个传说？我们中华文明只是一个'舶来品'？"李济导师沉声道。

"学术界很多人都不认同，但是我们拿什么去反驳？打嘴仗是没有任何意义的，只有拿出实证才是最好的反击。"

李彤在心里默默给导师点了若干个赞，是啊，当别人怀疑你的时候，最好的反击就是用事实说话，用实力回击。如果你拿不出实际的证据，那么别人的怀疑可能就是对的。

"导师，甲骨文不能证实殷墟存在吗？好像清末时甲骨文就被发现了！"一名同学问道。

"1903年，第一部甲骨文著录《铁云藏龟》出版后，引起了整个学术界的震动，一时间中药铺的'龙骨'身价暴涨，最后经过罗振玉多方探求和考证，最终确认河南安阳的小屯村就是文献记载的殷墟。后来王国维又对甲骨文上的资料进行考据，整理出一份商王世系表，进而证实了小屯村就是史料记载的盘庚迁都的都城。"

李济导师感慨道："有文字记载，年代也明确，并且在学术上也有着重要的意义，这样集'万千宠爱'于一身的地方简直就是众多考古人梦寐以求的考古佳地啊。并且当时因为甲骨文身价奇高，有很多人去盗掘，对殷墟破坏很大，也是出于保护殷墟的目的，中央研究院历史语言研究所准备对殷墟进行发掘。"（如图 3-2 所示）

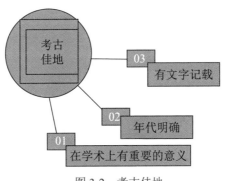

图 3-2　考古佳地

"导师，我看了很多盗墓小说和电影，你们的考古跟他们有什么不同呢？"一名同学好奇地问道。

李济导师笑了："这中间的不同太多了。考古不是挖宝！考古不仅仅是发现古文物，更重要的是对古文物内涵的关注。在我看来地下的瓦砾骨头与黄金珠宝没什么区别。而那些盗墓贼在乎的只是东西值不值钱，哪里知道那些古物出土的地点、层位以及连带关系，哪里知道什么是系统发掘。考古不仅要让古代遗址及遗物的科学价值晓之于众，还要对它们进行必要的保护。不科学的考古也会带来灾难。"

"我看有记载说，对定陵地宫的考古就是一场灾难。当时根本没有严谨考察地宫中的详情，就匆匆开挖，还没有做好充分的准备工作，结果导致一些珍贵的丝织品、字画等珍宝灰飞烟灭，并且当时万历皇帝及皇后的尸骨被烧毁，金丝楠木棺椁也被扔掉。"一名同学气愤地说。

"是的，科学的考古工作绝不是简单的挖掘，不是一种业余的工作，它是专业的。一个错误的观察，一次不细心的记录，可能带来谬种流传，成为学术前进的一大障碍。安阳殷墟第一次发掘，因为缺乏科学考古知识，就出现一些珍贵的商代人头骨及陶片被发掘后又被扔回坑里重埋起来的情况。"李济导师无奈地说道。

"当我知道这些失误后，马上停止了发掘，重新制订了发掘计划，于1929年3月开始第二次发掘。"

"导师，安阳废墟发掘工作前后进行了15次，历时10年，这中间您一定遇到很多困难吧？"一名同学问道。

"唉，这是一项伟大的工程，其间所面临的艰难也是前所未有的。"李济导师叹道。

"首先就是盗墓。你们现在看的盗墓小说，就是那时情景的再现！那些盗墓贼跟当地的军官勾结起来，屡禁不止，甚至猖狂到跟军警交火。还有土匪。1936年发现的127号灰坑，里面藏有1.7万枚甲骨。为了妥善发掘，最后决定将整个灰坑切割起来运到南京，当时搬运工作进展非常缓慢，这个消息被一伙土匪知道了，他们带着枪来抢，幸亏当时埋伏了士兵，才逃过一劫。"

"导师，您这么一说，我觉得考古不仅要具有考古知识，还要做好防盗准备！"一位同学道。

"是啊，你们以后如果从事这一行业，也要注意这些防护措施，以保证考古的目的得以实现。有时不是所有人都能理解考古工作，可能你们现在会好很多，当年发掘安阳废墟时很多人批评我，说考古是学术教育的败坏，要求通令全国将一切发掘取物的人都依法严办。幸亏当时蔡元培先生站在史语所这一边,在各大报刊上发文驳斥,才让我们的发掘工作得以继续。"(如图 3-3 所示)

"殷契,母曰简狄,有娀氏之女,为帝喾次妃。三人行浴,见玄鸟堕其卵,简狄取吞之,因孕生契。契长而佐禹治水有功。帝舜乃命契曰:'百姓不亲,五品不训,汝为司徒而敬敷五教,五教在宽。'封于商,赐姓子氏。契兴于唐、虞、大禹之际,功业著于百姓,百姓以平。"

证实

图 3-3　安阳废墟的发现

"'七七事变'爆发,安阳废墟的第十五次发掘工作才开始十多天就不得不结束,我们带着发掘出的文物、挖掘工具、标本等被迫转移。1938 年,安阳陷落,日本学者开始对殷墟进行非法发掘,令人痛心。"李济导师回忆道。

听到这里,同学们也唏嘘不已。

"同学们,跟你们说这些,只是希望你们能记住历史,并从中吸取经验教训,将中国变得更好更强。我们有过很多辉煌的过去,我希望未来中华民族更加辉煌。"李济导师边走边激动地说。

"通过十年对安阳殷墟的发掘,我们找到了商王朝的宫殿和王陵、大型排水沟、大批的甲骨、大面积的祭祀坑、车马坑等,说明这里已经构成了森严宏伟的王都轮廓,证实了《竹书纪年》中对商代晚期都城的记载,也坐实了殷墟遗址就是商王朝第 19 位王盘庚建立的，最后直到商朝灭亡！"

"这次的发掘不仅证实了商代存在，而且还证实当时已经具有高度发达的文化和等级森严的社会机构，用事实反驳了那些怀疑中国古代史料的人，反驳了那些说殷商仍处在石器时代的人。随着安阳考古的不断发现，那些怀疑者也不再胡说了。"李济导师高兴地说。

"其实，司马迁《史记·殷本纪》中记载的帝系的名字，几乎都能在新发现的考古标本中找到。这样的结果让不少人推论《史记·夏本纪》，以及先秦文献中关于夏王朝的记载应该也是史实，不过遗憾的是我没有亲眼见证这伟大的时刻，希望你们有人能完成很多人没能实现的遗愿。在这里，我将自己总结的一些考古方法传授给你们，希望对你们有所帮助。"

第三节　田野考古方法

"同学们，说到'田野考古'，你们想到的是什么？"李济导师微笑着问道。

"头戴草帽，在野外进行挖掘。"一同学笑道。

"在深山老林中寻找墓地。"另一同学答道。

因为昨晚恶补考古知识时，正好看到过田野考古的介绍，李彤回答道："是一种研究历史的方法，用科学的方法去实地考察，然后获得实物资料。"

李济导师点头道："其实我国在北宋时期就形成了研究古代青铜器和石刻碑碣的考古学，当时的考古者对铭文、图形、尺寸大小、出土地点等进行研究、考释和记录，比如刘敞的《先秦古器记》，吕大临的《考古图》，赵明诚的《金石录》等。"

李济导师又补充道："到了清代，考古学被正式命名为'金石学'，并开始进入鼎盛时期，尤其是甲骨文的发现成为金石学的一个里程碑，后来金石学的研究范围拓展到甲骨、简牍、玉器、陶瓷器等领域。这就是中国考古学的前身，没有完整、严密的科学理论和方法，没有断代的研究，没有田野发掘，主要是对已经出土的古物进行研究。后来，西方近代考古学传入中国，它就不再独立存在，变成了考古学的一个部分。"

"导师，难道我国近代考古学也是由安特生传入的？"一名同学问道。

"是的！中国近代考古学就是在传统金石学的基础上，吸收了欧洲近代考古学形成的，是以田野发掘为基础的。同学们，我理解你们的心情，但是我想说，没有一个区域的文化是完全孤立发展起来的，吸收外来文化无可厚非，你们不必太过介怀。我希望新时代的你们能以博大的心胸吸收世界上一切先进的知识，为我所用，不断提高自己，这是最重要的。"

听了李济导师的话，同学们感觉有些不好意思，没想到自诩"现代人"的我们，还不如旧时代的导师。好像看透了大家的心思，李济导师说："这也是我从众多历史经验教训中总结出来的。同学们，如果让你们去考古，你们准备怎么实施呢？"（如图3-4所示）

"导师，应该是先通过史料找到准确的位置，然后准备各种需要的材料，接着做好计划，按照计划实施就可以了。我看那些盗墓小说是这样写的。"一名同学说道。

第一步：查阅各种文献资料，准备好调查中要用的工具

第二步：调查文字记录、绘图、照相、测量以及标本的采集

第三步：确定地点，发掘遗址

第四步：根据土质土色辨别出不同的文化层，
　　　　然后将其划分出来，进行编号

第五步：写考古发掘报告

图3-4　田野考古法

　　"看来你们对盗墓这一行业很了解！"李济导师笑道，"在田野考古前，我们当然也需要进行必要的调查工作，不过考古不是盗墓，我们调查的目的是了解遗址或者遗物的现状和分布范围，明确是否进行发掘或是否需要保护，所以调查中我们要做好各

种文字记录、绘图、照相、测量以及标本采集等工作，在调查前要查阅各种文献资料，并且还要准备好调查中可能会用到的工具。"

"在发掘过程中，我们要用到各种工具，通常会涉及遗址和墓葬的发掘。一般遗址发掘中，主要是根据土质土色辨别出不同的文化层，然后将其划分出来，进行编号。发掘出的遗物要分别存放，并做好记录。墓葬发掘时，通过发掘了解古代墓葬的习俗，通过随葬品了解古代的工艺水平和社会经济生活情况，通过对墓中人骨骼的鉴定了解古代不同种族的人种以及体质特征。"

"导师，墓葬发掘难道最主要的部分不是注重陪葬品吗？"之前那个喜欢看盗墓小说的同学问道。

"看来你们受盗墓小说的荼毒不浅啊。"李济导师无奈地说，"其实考古中，墓葬里面有很多需要注意的地方，比如：是土葬、火葬、水葬，还是悬棺葬；是木棺、石棺、瓦棺，还是陶棺；下葬时是俯身葬、仰身葬、曲肢葬，还是直肢葬；是土坑墓、洞室墓，还是崖墓。这些都是重要信息，都要记录到考古发掘报告中。当然，考古发掘报告还有很多内容需要记录，这里就不一一细说了。"

"当年我们发掘西阴村史前遗址，是我国的第一次田野考古。当时西方正流行地层学，我们也应用了这一学科，以此来推断古物的年代。"李济导师继续道。

"什么是地层学？考古学上将人类活动形成的层次关系称为'地层'，将遗址中没有人类活动，天然堆积的土层叫'生土层'；将有人类居住或长期活动形成的土层叫'熟土层'；将熟土层中有较长时间中断，或不含任何人类遗物的自然堆积层叫'间歇层'；将因自然或人力破坏，使得遗址原有土层形成一种倒置分层的现象，叫'倒装地层'；将含有人类活动遗迹、遗物的熟土层叫'文化层'。"

"导师，怎么能区分出哪是'文化层'，哪是'生土层'呢？""眼镜妹"好奇地问道。

"在同一个地点，因为堆积的时间和条件不同，自上而下会形成不同土质、土色和不同包含物的层次。当年我们在西阴村发掘时，就根据土色的变化，将各地层的状况详细记录下来，并绘制了平面、剖面图。"

李济导师接着说："对于重要的出土物件，我们还采取了'三点记载法'，有人知道这个方法吗？"（如图3-5所示）

历史学家说：
三点记载法中的"三点"就是出土文物与参考点之间的纵向、横向距离，以及它距离地面的深度。

图3-5　三点记载法

不负众望，"眼镜兄"站了出来，说："三点记载法就是记录出土文物与参考点之间的三维距离，也就是出土文物的位置与参考点之间的纵向、横向距离，以及它距离地面的深度。"

李济导师笑道："不错！不过这种方法只适用于那些重要的出土物。对于数量巨大的，根本没法做到件件都记录其三维坐标的，我们又该怎么办呢？"

一个同学小声道："好像有个什么'层叠法'。"

李济导师解释道："是的。所谓的'层叠法'，就是按某一固定长度单位来划分地层，然后进行发掘和记录，用大写英文字母表示。使用这种方法的好处就是，能最大限度地记录地层中出土的一切遗物。"

"导师，前面您讲的文化层，它的堆积应该不一定就是水平的，并且厚度应该也是不同的吧？您这样人为等高来划分是不是就不准确了呢？""眼镜兄"抛出一个问题。

"很好，这说明你听课的时候努力思考了。"李济导师笑着表扬道，"所以虽然我按固定的长度去划分水平层，但是每一层内我又根据土的颜色、土的容量等划分出薄厚不等的分层，从上到下用小写英文字母表示。

在城子崖遗址发掘时，我在水平层内又根据土质、土色和包含物不同进行了分层，这就是'拔葱式'的发掘方法。

后来，梁思永先生又将地层学跟类型学结合起来，提出了'三叠层'理论。有谁知道这个理论吗？"李济导师问道。

看到没有人回答，李济导师自己解释道："1930 年，西阴仰韶遗址根本没有出土完整的器物，都是大量的陶片。梁先生仔细分析后发现，这些陶片不能称之为一种仰韶陶器，所以也无法排列出器物形态的演变顺序，于是就尝试对这些陶片进行分类研究。1931 年，安阳后冈遗址发掘时，梁先生提出后冈遗址从上到下是殷墟、龙山和仰韶文化三个大的文化层叠加的，也就是'三叠层'，并且在发掘和遗物的统计上都是以不同文化层为单位进行的。"

"'三叠层'的提出意义深远，它确认了仰韶文化早于龙山文化，龙山文化又早于商文化这一逻辑顺序，标志着我国近代考古学终于成熟了。"李济导师开心地说。

"可能有同学会疑惑，我为什么要讲这么久的考古学。主要是因为它和历史学的关系匪浅，并且意义重大。"

第四节　考古对历史学的意义

李济导师说道："20世纪初中国史学界兴起了一场'古史辨运动'，当时中国史学界有两种观点，一种是疑古，一种是古史重建。不过疑古派也不是单纯地怀疑历史，而是希望通过'疑古'重新建立科学的中国古史体系。为了完成这个目标，疑古派将目光转向了考古学，可以说中国的考古学就是在重建中古史这个伟大的历史使命下诞生的，从诞生之日就以研究和重建中古史为己任，并积极探求研究和重建中古史的方法。"

"当时考古学只是'证经补史'，只是为了证实和补充文献史学的一门工具。后来，随着大量考古资料的发现，其作用越来越受到学术界的重视。1925年王国维先生提出了'二重证据法'，也就是将考古发现的新材料与古文献记载相结合，从而相互印证，来考量中古史，我很赞同他的这种研究方法。"李济导师接着说。

"但是，我对'新材料'的理解跟王先生又有所不同。王先生的新材料以文字为限，是地下材料，而我的新材料不止这些，我觉得凡是经过人工的、埋在地下的资料，不管是否有文字都可以作为研究人类历史的资料，毕竟人类有文字记载的历史只有几千年，这段历史只是人类历史的一小部分。"

"导师，这么说考古学是历史学下面的一个分支？"一名同学问道。

李济导师答道："在我们中国是这样的，但是也有国家将考古学归于人类学。虽然考古学在中国发展还不到百年，但它对我们了解过去的文化、了解历史有着重要的意义。

首先，考古学为我们研究中国历史提供了大量的资料，这些资料有出土的文献，比如甲骨文，还有大量的考古实物，它们都包含了很多重要的历史信息。是考古学将历史研究从有文字记载的部分延长到整个人类的历史，是考古学复原和重建了中古史。"李济导师激动地说。

"其次，考古学还可以'证文献之真伪，补文献之阙如，纠文献之不足'。在研究中古史时，如果将考古学与文献史学相结合，则可以解决很多长期悬而未决的问题。就像安阳殷墟的考古，让史学家对《史记》中资料的可信度有了新的认识；还有殷墟考古中发现的青铜器、陶器、玉器、石器等遗物和墓葬等，从不同方面反映了晚商文化，有的跟文献相符，有的弥补了文献的不足。"（如图 3-6 所示）

听到这里，李彤的心一动，在某些新闻上自己有时得不出一个明确的结论，看来还是因为没有多去拓展角度。就像可以用考古去证实、补充文献一样，自己也可以从其他角度去证实、补充之前的材料，然后得出一个明确的结论。等回去了就试试从其他角度入手，看能否将之前放在那里的报道补充完整。

李彤还在沉思时，李济导师又道："以前我国史学都是从文献中寻求解决问题的方法，但当考古学被引进后，新史学家将目光转向了考古学，希望用考古学来解决历史问题。所以考古学引发了历史研究方法论上的变革，并且扩大了历史研究的领域，比如，20 世纪初发现的甲骨文扩展了学术的领域。将历史文献与考古资料相结合的方式，具有划时代的意义。"

一、为研究中国历史提供资料，如甲骨文、考古实物

甲骨文　　　　　考古实物

二、用考古学来解决历史问题，如殷墟考古中发现的青铜器、陶器、玉器、石器等遗物和墓葬等，从不同方面反映了晚商文化

青铜器　　　陶器　　　玉器　　　石器

三、考古学拓展了历史研究的领域，如人类起源、农业起源、文明起源、国家起源、生态环境、社会生产组织结构等

人类起源　　　　　　　文明起源

四、考古学还促进历史研究的进步，现代技术的应用使得采集信息的手段多样化起来，从考古材料中提取的信息也成倍增加，这些考古学的进步都促进了历史研究的进步

图 3-6　考古学的意义

　　"不过考古学也不完全跟历史学一样，它在形成和发展过程中也形成了自己独特的研究领域。你们有谁知道都是哪些领域

吗？"李济导师问道。

"应该有农业、手工业、宗教信仰、墓葬习俗吧？"一名同学不敢肯定。

"是啊，此外还有人类起源、农业起源、文明起源、国家起源、生态环境、社会生产组织结构等。"李济导师补充道，"像这些领域，文献资料或未涉及，或涉及很少，所以说考古学拓展了历史研究的领域。"

"导师，考古学应该也有自己的局限，像人的心理、语言、文学、一些特定的历史事件，它是无法涉及的。"一名同学说道。

"是的，所以我们提倡历史研究要将考古学和文献史学结合起来，这样才会更加全面，更加翔实、可信。"李济导师说道，"最后，考古学还促进了历史研究的进步。"

"在我们进行考古发掘时，技术是非常落后的，但是你们现在不一样了，有了很多现代技术，采集信息的手段多样化起来，从考古材料中提取的信息也成倍增加，这些考古学的进步都促进了历史研究的进步。现在你们又把计算机技术引入考古学中，通过现代化手段来测量和记录考古遗址，这无疑是巨大的进步。"

"导师，这么说来考古学对研究人类古代社会史有着重要意义，它可以让我们民族的历史更加丰富、更有说服力，让我们能更清楚地了解过去的历史文化，对现在和未来都有很好的启迪作用。"一名同学说道。

"是的，所以人们常说'通古博今'！主要是从过去的历史中发现一些社会发展规律，让这些规律能为我所用。"李济导师说道。

"同学们，跟人类的历史长河相比，我们的一生太短暂，短到无法兼顾太多，所以我希望你们不要追求广博，而要追求精深，长期坚持在某一范围内去研究，这样会更好。"李济导师不舍地望着大家道。

"你们知道吗？我这一辈子最想做的事就是通过考古找到中国人的始源，可惜我没有做到。我希望你们能帮我做到，到时一定不要忘记告知我，这样我也能安息了。"李济老师边说边挥手告别。

第四章
赫勒敦导师讲
《历史绪论》

本章通过 3 个小节，首先讲述了伊本·赫勒敦导师为什么要将历史和哲学结合起来，然后简单介绍了历史哲学研究内容，接着介绍了人类文明是怎样产生的，伊本·赫勒敦导师所发现的历史规律，以及经济对文明、国家兴衰的作用。

伊本·赫勒敦

（1332 年 5 月 27 日—1406 年 3 月 19 日），阿拉伯历史学家、哲学家、经济学家、社会学家、政治活动家，被称为"人类历史哲学和社会学的奠基人之一"。

他从小就开始学习圣训、教义、语言、诗歌和哲学等知识。18 岁开始步入政坛，从此一边从政，一边潜心研究著述。他一生经历坎坷，宦海几度沉浮，这对他的创作思想和哲学思想的形成有着直接的重要影响。1374 年，他隐居在伊本·萨拉迈的城堡中，开始安心写作，第一部分《历史绪论》就是在那时完成的。

第一节　当历史与哲学结合在一起会发生什么？

　　李彤下课回家后，找出了那篇没写完的报道。该报道是探究杀人狂魔心理的，杀人犯对自己所有的罪状都供认不讳，但是对于自己的作案动机却避而不谈。李彤试着分析自己还能从哪些方面着手，去切入罪犯的内心。

　　李彤看了之前的采访记录，主要来自罪犯的家人、邻居，没什么收获。她想了想，觉得自己还可以采访罪犯的同学、导师、朋友，当时办这个案子的警察，以及一些犯罪心理学专家，看看是不是会有什么突破。

　　上班后，李彤就跟刘记说了自己的想法，刘记思考后同意了，并再三叮嘱她在采访中要注意自己的言辞，尽量不要带有主观色彩。采访虽然没有取得突破性进展，但李彤对罪犯连续杀人的原因有了一些了解，这让她很兴奋。她想继续追寻下去，看看能否找到他是怎样由一个普通人变成杀人狂魔的，希望以后能避免这样的情况再度发生。

　　紧张而忙碌的一周过去了，又到了该去上课的周六。因为不知道每次上课会是哪一位大师，所以大家都充满了期待。这样神秘的方式让以前上学总会迟到的李彤居然一次都没迟到过，简直就是一个奇迹。

　　戴上头盔后，李彤发现自己置身于一片草地上，前面好像一栋童话中的城堡，城堡大门口站着一位头上包着白头巾，身穿白色长袍，留着长胡子，感觉很像阿凡提的男人。

看到有人来了，那人走了过来，热情地说："朋友们，终于等到你们了！我是伊本·赫勒敦，阿拉伯人。"

"原来是您！""眼镜妹"惊讶道。

"看来小朋友你对我有所耳闻啊！"赫勒敦导师笑眯眯地看着她。

"眼镜妹"羡慕道："因为导师是个全才啊，在经济学资料中有您，在社会学资料中还有您，在历史学资料中依然有您，看得多了也就记住您了！"

"哈哈！"赫勒敦导师有些悲凉地笑道，"这个可能跟我的经历有关吧。你看，我既当过高官，也进过监狱；既享受过世间的荣华富贵，也饱尝了人间的世态炎凉；我的一生经历了无数次的沉浮和坎坷。经历得多了，慢慢知道的也就多了。"

"导师，在您之前的哲学家，无论是希腊的还是阿拉伯的，他们的研究大多局限于神学范畴，很少涉及人类历史和社会生活，但您却改变了这一局面。您说'一些哲学家去研究天上神界，不过他们对自己提出的学说和论点根本无法证实，因为他们没有生活在那里。我们应该研究我们生活的这个世界，因为我们生活在这个世界上，我们对这个世界的了解远远超过了对神界的了解。在这个世界，我们可以凭借自己的观察和感受去认识一些具体的事物，去分析出他们的前因后果'。是您改变了当时哲学研究的方向，并创立了社会哲学和历史哲学啊。""眼镜妹"激动地说。（如图 4-1 所示）

赫勒敦导师的嗓子有些沙哑，"谢谢你给了我这么高的评价。"他缓缓说道："是的，我觉得当时那些哲学家的学说是无法证明

历史学

对过去事件和历代王朝的记录

深入下去就会发现

历史学
是对史实真相的推理、考证和获得，
是对事物起源和原因的详细阐述，
是对历史事件之所以发生的深入思考

我们不能孤立地看历史

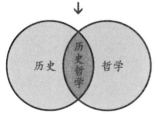

图4-1　当历史遇上哲学

的，但是我们生活的这个世界却可以认识得更加真切，我们可以观察、反省，然后对这个世界有一个更加确实的判断，所以我主张研究社会、研究历史和现实，而不是那些虚无缥缈的'自在''理念'等命题。"

"导师，您的观点跟我们的一位古圣人——孔子很像，他也主张研究历史、社会和人遇到的各种具体问题，他说生的道理还没弄明白，怎么能弄明白死是怎么一回事呢？活人的事都已经忙不过来了，哪还有心思去管死人的事呢？对于那些说不清、道不明的事，还是'敬而远之'的好。"好久没发言的"眼镜兄"说道。

"没想到在遥远的东方还有跟我志同道合的人，可惜没有遇见！"赫勒敦导师遗憾道，"我们还是回到历史学上吧。其实我生活的时代，阿拉伯史学已经取得了很大的成就，当时的历史研究与撰述有两种传统。一种认为历史学就是根据历代传述者的记载，我们应该按照年代的顺序，将那些历史事件原封不动地记录下来，我们不用对这些历史事件进行理性的探求。同学们想想，如果这样来记录历史，将会带来什么弊端？"

李彤心想，这不就是从前的自己吗？直接把资料罗列出来，从不提出自己的观点，因为这样刘记才经常骂她，并让她多看历史，她才来学历史学。没想到从前的历史学原来跟自己一样不喜欢思考，看来不爱动脑是人的本性啊。李彤想了想回答道："导师，如果对那些材料不辨真伪就记录下来，有可能会产生错误，并且这样用史料堆积出来的文章将会没有灵魂，这样的做法也会导致史学家将研究方法局限于对史料来源的考证上。"

"这位同学总结得很好！如果仅仅将历史看作一门史料学，觉得只要收集的史料够多，就能编出一部好的历史著作，就大错特错了。因为没有理性的判断，缺乏对历史内在特征的认识和研究，他们无法做出正确的判断，最后编撰出来的历史也是漏洞百出、谎言连篇的东西。"

赫勒敦导师继续道："想要对史料有个正确的判断，我们需要了解清楚整个人类社会历史的内在本质和发展规律，认清各民族、各国家在不同时期的特征，并探明人类社会的各种影响因素，只有这样历史学才能成为一门客观记录过去的学科，才是真实的人类历史，这样的历史才能对人类的未来有指导作用。"

"所以我不赞同第一种观点。第二种观点就是，我们对历史的研究不能只依赖于权威的传述，还要有我们自己理性的思考。因为历史学不仅仅是一门史料编纂学，它还是一门对人类社会和文化进行哲学思考的学科。所以我想从哲学的角度去寻找人类社会历史的本质，试图用哲学方法对其进行重新阐述，并对史料内容进行重新分析与考证。"赫勒敦导师说道。

"但是，我发现之前绝大多数历史学家都没有对历史进行深入的研究，所以我觉得非常有必要将对历史的深层研究单独提出来，作为一门新的独立学科来看待。首先，这门学科是从属于历史学的，是一种区分史料真伪的标准方法；其次，这门学科是哲学的一个分支，是从哲学的角度对历史的本质与特征进行阐述。但是，这门学科又跟历史学和哲学都不同，它主要是用来解决人类文化本质的各种问题。"

一名同学问道："导师，您的这门学科其实就是历史学和哲学的交叉，是吗？"

赫勒敦导师道："是的。从表面上看，历史学不过是对过去事件和历代王朝的记录，但是如果我们深入下去就会发现，历史学其实是对史实真相的推理、考证和获得，是对事物起源和原因的详细阐述，是对历史事件之所以发生的深入思考，所以我们不能孤立地去看历史，而要将历史根植于哲学中去思考历史事件背后的本质，应将其视为哲学的一个分支学科，这个新的学科我将它称为'文化学科'，也就是你们现在所说的历史哲学。"

"导师，您是世界上第一位明确提出将历史哲学作为一门学科的学者！您真是个天才！"一名同学赞叹道。

"我根本不是什么天才，只不过是对一些事情多动脑思考而已。"赫勒敦导师谦虚道，"前面我们说过，历史哲学的研究对象是人类社会组织或文化，那么从历史哲学的角度去探讨人类文化的演化过程又是什么样的呢？"

第二节　历史是有规律的！

赫勒敦导师道："人类文化是随着各个国家、民族的境况不同而不断发展、变化的，不过这种变化不是任意的，深入研究你会发现它们是有一定规律的。有同学发现它们都呈现出什么规律吗？"

"跟人一样，都有产生—成长—死亡这三个过程。"一名同学接道。

"是的，世界上一切事物都有这样的过程，人类文化当然也不能例外。只不过这种变化需要很长的时间，所以常常不易觉察，只要极少数人才能发现其中的规律，并且因为这些变化，让不同民族和国家在不同历史时期表现出自己的差异性和特殊性。"赫勒敦导师道。（如图4-2所示）

历史学家说：
人类文化的变化非常缓慢，这些变化让不同民族和国家在不同历史时期表现出自己的差异和特殊性。

图4-2　人类文化的变化

"同学们分析一下，人类文化是怎样产生的呢？"看到大家茫然的眼神，赫勒敦导师又问道，"大家想想，人类最基本的需求是什么？"

"吃饱穿暖。"一名同学脱口而出。

赫勒敦导师笑了："早期人类的需求只有两个，一个是食物，跟这位同学说的一样；一个是安全，防止其他动物的袭击。只有满足这两个条件，人类才能生存下来。但是早期的人类如果仅仅依靠自己的力量，达到这两点还是很难的，只有联合起来才有效。人们联合起来形成某种社会组织，人类文化也就产生了。"

"人类文化产生之后，又经过两个阶段的发展过程，第一个就是处于初级阶段的原始游牧文化，第二个就是处于高级阶段的文明城市文化。"

赫勒敦导师接着说："在游牧文化阶段，人们的目标主要是满足最基本的生存需要。社会组织规模小，还很分散，人类主要依靠农业和畜牧业谋生。当时生产水平低下，劳动协作程度也低。不过，这样的生活方式使得人们体格健壮，品德优良，团体意识强烈，'团体精神'是历史发展的一种基本动力。"

"后来，人们是怎样从游牧文化过渡到城市文化的呢？"赫勒敦导师问道。

"饱暖思淫欲！"之前回答"吃饱穿暖"的同学继续答道。

"导师，当人们满足生存需求之后，就开始追求舒适与享乐了。"另一名同学答道。

赫勒敦导师解释道："是的，人的本性是追求享乐、财富、权力等。当最基本的需求满足之后，人类就开始追求更高的需求了，正是欲望的驱使，使得人类文化从游牧文化逐步走向城市文化，完成了文化的发展过程。这种变化是根本性的，从人的需求、谋生方式、社会组织、政治组织到精神状态都发生了全方位的变化，但最主要的还是作为人类文化形式的政治组织，也就是国家的产生。你们想想，国家又是怎么产生的？"（如图 4-3 所示）

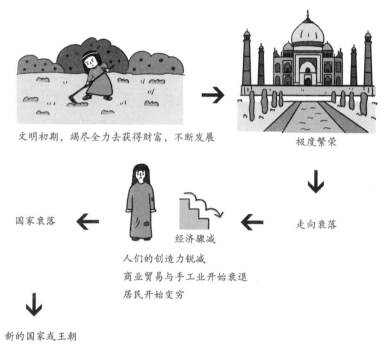

图 4-3　历史的规律

一名同学回答道："直接从原始社会慢慢发展到文明国家，就像我们中国。"

另一名同学答道："可能是一个野蛮民族直接征服一个文明的国家，然后融入文明城市中，最后变成了一个文明国家！"

"你们俩说的都对，这就是国家产生的两种不同途径。但是，人类社会进入文明社会以后，又是怎样发展的呢？"赫勒敦导师停下来，等着同学的回答。

"前面汤因比导师讲过，文明都有自己的周期，跟人一样也有自己的生老病死。"一名同学说道。

"是的，文明也有自己的生命周期。就像人到了 40 岁就会自动停止生长，并且开始衰老一样，文明发展到一定程度也会衰老，文明的发展也存在一个不可逾越的限度。在文明初期，为了满足自己的各种欲望，人们都是竭尽全力去获得财富，这就使得社会持续不断地发展，最终达到极度的繁荣；之后，文明开始走向衰落，人们的创造力锐减，商业贸易与手工业开始衰退，居民开始变穷，人们的道德品质开始变坏，国家开始走向衰落。"赫勒敦导师补充道。

"导师，我们中国有句诗'历览前贤国与家，成由勤俭破由奢'说的就是这个意思。"一名同学道。

"你们的古人总结得太好了，我就是这个意思。因为奢侈享乐的习惯一旦养成，很难改正，最后慢慢腐蚀掉城市文明，最终使得国家衰亡。旧的国家或王朝灭亡之后，将会产生新的国家或王朝，通常新的王朝诞生也有两种途径：一种途径就是在旧王朝衰弱时，邻近的国家或原始部落乘机征服，形成新的国家或王朝；另一种就是旧王朝衰落时，各行省的统治者联合起来建立新的王朝。不过，这些新的王朝和国家也会经历旧王朝那样由盛到衰的命运。"赫勒敦导师悠悠地说。

"导师，根据您的观点，国家或王朝总是从产生到灭亡，一直重复，那么历史就这样循环往复吗？"一名同学问道。

赫勒敦导师慌忙解释："大家不要误解，我是反对历史循环论的。虽然一个国家或王朝产生又灭亡了，但是我认为人类文化是一直向前发展的，最终人类文化会发展到一个'理想之城'，在那里人们将达到完美的人性高度，这是人类的最终目标，只有好的国家和王朝才有可能实现这个目标。"

"导师，您这种历史发展理论弥补了以往历史观的缺陷，并且将宗教信仰和理性的探索精神很好地结合起来，形成了自己独特的、鲜明的理论，这真是一个创举。您用理性的方法去研究人类文化，是科学的，超前的，要知道西方到了文艺复兴后期才开始使用。"一名同学说。

"谢谢夸奖！"赫勒敦导师摸摸自己的胡子，不好意思道，"同学们，你们想过在人类文化演化过程中，到底是什么在起作用吗？"

"地理环境吧！因为人的生存离不开自然，像气候的冷热与干湿，土壤的肥沃与贫瘠，以及食物的类型等会对人的肤色、体质、性格、寿命等产生影响，环境的不同还会影响到各民族的特征和文明发展程度。"一名同学回答道。

赫勒敦导师补充道："我认为决定人类文化发展的因素可分为两种，外因和内因。外因就是自然环境，还有上天的神灵，请原谅我在 14 世纪提出的神灵一说，作为一名伊斯兰教徒，我不否认神灵对人类的影响，但是我认为神灵的作用不是一个必要的因素；内因就是构成人类文化的各个组成部分，像国家或王朝、谋生方式、人的欲望与追求目标、人的精神等。"

"我觉得人类文化形成后，促使其不断变化和发展的主要动因就是'团体精神'，这点我之前提到过。"

"导师，人类的欲望和宗教不也促进了人类文化的发展吗？为什么它们不是主要动因呢？"一名同学问道。

"虽然人的欲望引发了人类的追求，但欲望只是一种潜在的力量，其本身并不能成为某种特定文化现象出现的直接原因，最终还得通过'团体精神'来完成。虽然王朝或国家的诞生、律法统治的实现等有赖于宗教的力量，但是如果没有'团体精神'，宗教又怎么能传播呢？所以，'团体精神'才是人类文化的动因。"

第三节　经济对人类社会的重要作用

"同学们，人类历史是有规律可循的，各个历史事件也是由因果关系相互连接的，一些社会现象不过是历史规律的反映。在寻求历史规律的过程中，我发现经济有着重要的作用，是影响人类社会文明、国家和城市兴衰的一个重要因素。下面我们来讨论一下经济对人类社会的重要作用。"赫勒敦导师望着下面的同学说道。

"同学们，你们分析一下经济与文明是什么关系。"

"导师，前面您说过人类文明是人类因为生存需要而结合在一起才产生的，也就是说，人类只有组成社会或团体，然后相互合作才能获得生活必需品，从而才产生了文明，所以我们可以说，是物质资料的生产才导致文明的产生。""眼镜兄"回答道。

赫勒敦导师道："是的，前面我们说过，一个人的生存能力是有限的，是无法满足生活所需的，所以要结合在一起，组成群体，形成社会，进而产生文明。这种结合是以生产劳动为基础的，所以说物质资料的生产导致了人类文明的产生，也就是说文明的产生是有其经济根源的。"

"导师，好像在您的时代大家认为是真主创造了人类，流行的观点是文明起源于宗教，您这文明起源的经济观跟他们截然相反啊。我很佩服您能在那时就总结出这样先进、科学的观点，并且有勇气提出来！""眼镜妹"羡慕道。

虽然赫勒敦导师努力压制着自己的兴奋，但大家还是从他轻快的语气中听出了他的快乐，看来没有谁不喜欢被称赞啊。

"为什么说经济因素影响人类文明呢？我们来看看在富裕和饥馑两种情况下文明有何不同。"赫勒敦导师清清嗓子接着说。（如图 4-4 所示）

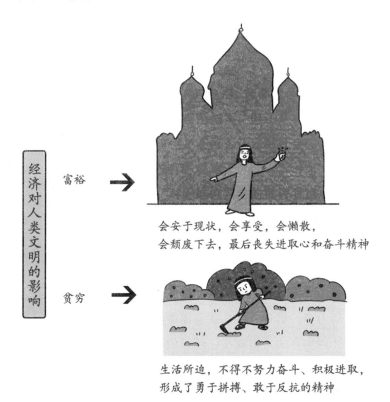

图 4-4　经济对人类文明的影响

"富裕的时候，因为没有生活压力，人会安于现状，会享受，会懒散，会颓废下去，最后丧失进取心和奋斗精神；而在贫穷的时候，因为被生活所迫，不得不努力奋斗、积极进取，形成了勇于拼搏、敢于反抗的精神。这样截然不同的两种经济状况，直接影响了人的身体与道德，从而间接影响了人类的整个文明，于是文明自然而然就呈现了两种完全不同的面貌。"

李彤想起之前看过的一篇文章，大意就是中国的经济之所以快速发展，主要就是因为中国人现在还穷。当时没能理解，但是听了赫勒敦导师的讲解后，李彤豁然开朗。转念又想，其实很多时候人也有这样的情况，一份工作如果已经做熟练了，没有挑战了，就会松懈下来，以后很难再进步，于是事业也就进入瓶颈期。如果再不及时反省，那么以后也就不会再有什么成就了。李彤告诫自己，以后一定不要陷入这样的境地，庆幸自己来学了历史学，可以通过前人的血泪教训来警告自己。

正当李彤神游万里的时候，赫勒敦导师又道："当然了，人口数量也跟文明的发展有着密切的联系，人口众多，需要的东西就多，这样就会促进技艺和工业的快速发展，从而推动经济的全面发展。经济的快速发展，又促进了文明的繁荣，使得文明发展到一个更高的水平。"

"导师，您的理论跟我们现在所说的'人口红利'很像：人多，劳动力多，消费也多，就会促进经济发展。我们国家之前还是实行计划生育的，但现在已经开放二孩政策了，看来主要就是因为人口与经济的关系了。"一名同学说道。

"看来你们国家已经意识到人口的重要性了！"赫勒敦导师笑道，"真羡慕你们现代的生活！因为受我当时所生活的国家和所处时代的局限，我只能把文明分为游牧文明和定居文明两个发展阶段。我觉得游牧文明先于定居文明，当时游牧生活还处在获取生活必需品的阶段，而定居生活除了获得必需品，还需要生活奢侈品，所以游牧人羡慕定居人。后来两种文明开始接触，促进了社会生产力的发展和社会分工的出现，于是各种技艺随之产生，最后游牧文明发展成了定居文明。由此可见，经济是文明发展和进化的根本动力。"

"我们分析完经济与文明的关系后，再来看看经济与国家兴亡又有什么关系。"赫勒敦导师接着说。

"根据我的总结，我认为国家和人一样都有自己的寿命。"

"导师，您的结论经过几千年的检验是完全正确的！"一名同学大声说道。

"哦！另外，我认为一个国家从兴起到衰亡大概会经历三代人，同学们根据自己的知识思考一下，第一代人会是什么样的呢？"赫勒敦导师问道。

"创业者！因为现在想创业的太多了！"一名同学笑道，他想导师肯定不知道他说的创业者其实只是指公司创业者而已。

"是的，第一代人是创业者，这一时期也是开始创立国家的时期。在这段时期，全国从上到下都保持艰苦创业的精神和强大的凝聚力，这时也是国家最团结和统一的时期。这一时期为经济的发展和军事的扩展打下了坚实的基础。"赫勒敦导师解释道。

"这样发展到第二代人，也就是守成者。这段时间也是巩固政权、平稳发展的阶段，又会有什么变化呢？"赫勒敦导师扶了一下自己的头巾问道。

"因为没有战争，人口会增加，经济会繁荣起来，于是腐败就会盛行！"一名同学答道。

"这位同学总结得挺好。是的，在这一阶段，国王开始大权独揽，征税敛财，大兴土木，大家的凝聚力开始下降，在一片繁荣昌盛中危机也随之产生。然后来到第三代，也就是亡国者。这一代人开始不思进取，整日享乐，把先辈的美德和雄心抛到脑后，整日沉溺于奢侈腐化的生活之中，最后导致国力大衰，国家走向灭亡。"赫勒敦导师总结道。

"导师，您的意思就是当经济高度繁荣的时候，政治就会腐败，人的道德也会沦丧，去追求奢侈腐化的生活，于是经济就开始下滑，国家就开始灭亡。但是，从现在一些国家的情况来看，比如美国，这一规律好像失效了，这是为什么呢？""眼镜兄"不解道。

赫勒敦导师沉声道："同学们，没有一个理论会适用于所有的时代，我的理论太陈旧了，很多已经不适合现代社会了，这需要你们自己通过分析思考，提出新的理论去解释当前的情况。"

第五章
卢奇安导师讲
《论撰史》

本章通过 4 个小节介绍了卢奇安的《论撰史》，主要介绍了历史学的本质，史料的收集与处理，完美的历史学家应该是什么样的，历史的一些写作技巧，揭示了历史学所具有的真实性本质特征，认为历史学也需要叙述之美。

卢奇安

（约 120—180，另一说约 125—192），希腊裔罗马人，亦称琉善或卢基阿努斯，古希腊语讽刺散文作家、修辞学家、哲学家、无神论者。恩格斯称他为"古希腊罗马时代的伏尔泰，对任何一种宗教迷信都一律持怀疑态度"。

他出生于罗马帝国统治下的叙利亚一个贫苦家庭，遍游小亚细亚、希腊、意大利等地，曾任律师、修辞教师、官吏。他保存下来的署名著作有 84 篇，不过其中不乏伪作，内容涉及文学艺术、哲学、修辞学、宗教等。

《论撰史》是一篇史学理论专论，可以说是西方史学史上第一篇史学理论专论。

第一节　史学家为什么要如实叙述？

深知自己处在"饥馑"状态的李彤，每天除了努力工作，还在努力提升自己的能力，她希望通过自己的努力，从"饥馑"状态过渡到"富裕"状态。所以，每一次采访，每一篇稿件，她都力求完美。

一次采访某个校园暴力事件后，她非常气愤，当晚奋笔疾书完成了稿件，因为自己小时候也经历过类似事件，所以写起来非常流畅。

第二天，她信心满满地将稿子交给刘记，心想这次刘记肯定挑不出来毛病了吧。结果万万没想到，她又被批了。

"这次是为什么？"她不甘心地问。

"因为这篇稿子带有太多自己的情绪！"刘记冷冷地说。

"为什么不能带有作者的情绪？"

"因为带有情绪后，你不自觉地就会失去公正。你看，这里你对受害人的受害程度描写明显夸大化了，而这里，你对施暴者的描述明显淡化了。所以，冷静一下，重写！"

周六上课的时候李彤又想到了这件事，顿时郁闷不已，在心里默默喊道："去你的真实！"

正当李彤抱怨的时候，忽然听到有人在耳边说："历史只有一个目的，那就是实用，而实用只有一个根源，那就是真实，所以史学家的首要任务是如实叙述。"

"谁在胡说？"李彤不禁大声问道。

"是我！我是提倡写真实历史的卢奇安！"

顺着声音，李彤看到一位戴帽子的老头正站在法庭上，微笑地看着自己。李彤这才意识到现在正在课堂上，于是急忙要解释，卢奇安导师对她摇了摇头，道："可能大家对我的观点会有异议，我欢迎大家一起来辩论。现在我们就来谈谈历史学家为什么要如实叙述。"

"我发现很多历史学家对史料根本不加调查研究，不去追究这些史料是否正确，就用大篇幅去歌颂帝王将相。就像对于敌我双方战争的描写，不少历史学家对敌方是恣意贬低，对我方则是极力夸赞，这样将历史与颂词混为一谈的人怎么能写出流芳百世的好历史呢？颂词是为了让被歌颂者满意，不惜言过其实。但是历史是什么？历史是唯恐混淆是非歪曲的真相啊。如果将历史比喻为气管的话，那么气管是不能容忍一丁点食物残渣的！"

卢奇安导师的话，让李彤想到过去有一些特别有名的历史学家，为了迎合当时领导人的喜好，罔顾历史贬低杜甫，抬高李白；还有一些特别奇葩的抗日神剧，简直把敌人写成了弱智。她不禁连连点头，感觉有时候确实有这样的情况发生。

"导师，我们可不可以换一个角度，研究那些人为什么要歪曲历史，他们的心态又是什么样的，他们是出于什么心理要这样做的。"一名同学问道。

"这个提议很好，这也是历史的一方面嘛！"卢奇安导师赞同道。

另一名同学接着问道："导师，您刚才的意思就是历史不能有歌颂吗？"

卢奇安导师道："当然不是，历史当然也可以有歌颂，不过歌颂要把握一个恰当的度，要安于本分，不能太过，不能让读者讨厌。另外，历史学家在歌颂的时候要想到后世的读者。"

"为什么要想到后世的读者？难道是怕后人耻笑吗？"一名同学问道。

"我想问问大家，你们觉得历史的目的是什么？"卢奇安导师问。

"让现在的人了解过去，吸取教训，为未来行事做个参考！"一名同学答。（如图 5-1 所示）

图 5-1　表现历史为什么要真实

"是的，写历史的目的只有一个，就是我最开始强调的——实用。史家的作品应该是留给后代的财产，能让他们从过去中吸取经验教训，所以史学家要将信史留给后代。历史必须是真实的，至于美不美，倒是无关紧要。"卢奇安导师道。

"如果历史只是夸夸其谈，那么连欣赏的价值也没有了，如果再浮夸地去歌功颂德，那更加让人反感。"

"但是，也有人喜欢读这样的历史啊！"一名同学争辩道，"我们社会现在就流行这样浮夸的历史，有时都不知道自己到底还要不要坚持写实！"

"每个时代都一样，都会有不同的读者，那些浮夸的历史当然也会有一些庸俗的读者去喜欢，但是一些有判断力的读者是不屑看的，对于那些眼睛里容不下沙子的批评家来说更是不齿的，所以我们在编撰历史的时候，要关注那些批评家的评价，不要只关注一般读者的评论，即便他们赞不绝口。如果你忽视那些批评家的看法，只沉浸在一般人的赞美中，那么你的作品将变得不伦不类，最后无法流传后世。"

一名同学接着说："通常火爆的东西，火一段时间后很快就消失了，更别说流传后世了！"

李彤突然想到刘记对自己的批评，那些批评事后证明都非常正确，于是她决定以后要好好听取刘记的意见，这样才能不断进步。想到这里，对刘记的怨气减少了很多，不过还是有点不爽。

卢奇安导师接着说："不知道你们现在的时代拍马屁的作品还多吗？我所在的那个时代，拍马屁的作品非常流行，那些恬不知耻的作者想方设法取悦于被歌颂者，有时奴颜婢膝得令人作呕，为了歌颂他们不惜虚构谎言，但是这样的谎言是经不起推敲的，结果可能他们想要的目的也无法实现，这是为什么呢？"

"如果他想取悦的人是个正直的人，那么肯定不会喜欢他们的奉承，最后马屁拍在了马腿上。我记得曾经一位历史学家为了拍亚历山大的马屁，虚构了一段亚历山大与波鲁斯决战的故事，并且说亚历山大单枪匹马射死了几头大象。当他把这段故事读给亚历山大听时，亚历山大非常气愤，将其作品抛进了水中，并且对这样的谄媚小人以后再也不信任了。""眼镜妹"笑道。

"是的，如果被称颂的人是有才能的人，肯定不喜欢那些虚假的夸奖。但还是有很多愚蠢的历史学家不明白这一点，他们为了眼前利益，不顾事实随意编造历史，他们肯定会被后人唾骂的。"

卢奇安导师接着说："同学们，历史跟其他学科不同，真实是它的灵魂。如果失去了真实，那么也就不能再称其为历史了。所以历史必须要尽它的本分，史学家要如实叙述。"

一名同学不解道："导师，既然您看得如此透彻，并且自己文笔也好，为什么您不写出一部伟大的历史，让我们好学习观摩呢？"

卢奇安导师不好意思道："因为我自知写不出一部伟大的历史著作，所以没有勇气动笔，但是肯定有很多人去写历史著作，我想我得为历史做点什么，于是我决定为那些冲锋陷阵的勇士出谋划策，好让他们写出伟大的历史著作留给后人，这样也算是我为历史出过一份力了！"

"导师，您想出什么办法？说给我们听听，让我们也学习一下吧！"

第二节　完美历史学家修炼方法

卢奇安导师意味深长地说："我的办法其实很简单，就是告诉他们怎样才能成为一个完美的历史学家！"

"导师，您就别卖关子了，快点告诉我们怎样才能修炼成一个完美的历史学家。""眼镜妹"焦急地说，一双大眼睛盛满了渴望。

"首先，史学家必须具备如实记述历史的精神。"卢奇安导师特意强调道，"这一点我们前面已经详细说过了，这里就不再啰唆了。"

"其次，史学家除了具备一定的政治眼光，还要具备相应的才能。"卢奇安导师补充道，"政治眼光是与生俱来的一种政治天赋，是不可学得的；但才能却是后天的修养，我们只要勤学苦练，就能习得。"

"导师，政治天赋不是人人都有的吗？"一名同学问道。

卢奇安导师回答："是的，所以对于这一方面我无从提供什么有用的意见，但如果你有这方面的天赋，我就会告诉你怎么善用资质，成为一名历史学家。不过我也不敢保证把所有人都训练成功，我只能给那些既有政治天赋又有文学修养的人指出一条成功的捷径（不一定就是真正的捷径），让他们少花些时间和精力就能成为历史学家。"

"导师，您的意思就是想要成为历史学家必须具备政治天赋，还要有文学修养是吗？"一名同学大声问道。

卢奇安导师补充道："是的，我觉得他还要具备洞察力，具备武人气质，具备军事经验等。"（如图5-2所示）

"导师，您的观念在您的时代可能非常正确，但是您知道现在的历史除了战争史外，还有多少种类吗？这些种类根本涉及不到军事、政治，所以您说的必须具备的那些能力我觉得有的已经过时了。另外对于您说必须要具备政治天赋才能写历史，我也无法赞同，因为我觉得您的这个观点，和您批判的那个提出只有哲学家才能写历史的错误观点是一样的。""眼镜兄"看着卢奇安导师大声说道。

卢奇安导师盯着"眼镜兄","眼镜兄"也不甘示弱地盯着卢奇安导师，突然卢奇安导师大笑起来，笑得大家有些莫名其妙。

图 5-2　怎样才能成为一个完美的历史学家

卢奇安导师边笑边点头道："同学们，我非常高兴有人敢质疑我的话，这说明他是一个有独立精神的人，是一个无所畏惧的人，他有自己的主见，敢于质疑自己不认同的观点，这点正是优秀史学家需要具备的。"

"我的观点到现在都已经快两千年了，怎么可能不过时？对于前人的观点，即使他的名气再大，你们在学习的时候也要学会质疑，不能因为我们是名人就轻易赞同。"卢奇安导师慈爱地看着大家，叮嘱道。

"如果史学家没有这样的勇气，那么面对强权，面对各种诱惑，怎么还能如实叙述呢？一个优秀的史学家决不能卑躬屈膝，也不能贪图享受。有时他可能怀有个人的恩怨，但是他能明辨是非曲直，不因私仇而歪曲历史；他可能有自己偏爱的人，但是面对他们的过失，他能如实记录；当他开始书写历史时，真理是他唯一膜拜的，他唯一坚持的原则就是：决不考虑今日的听众，心里想的只有未来的读者。"卢奇安导师说到这里情绪有些激动。（如图5-3所示）

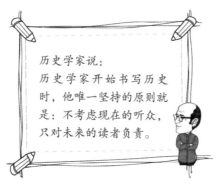

图5-3　历史学家坚持的唯一原则

"导师，我觉得您所说的历史学家就像一个是非分明、清廉正直、大公无私的判官，和中国的包青天一样呢！"一名同学笑着说道。

卢奇安导师回道："完美的历史学家就应该是一个审判者，在他的眼里没有帝王将相，他用自己手里的笔如实记录他们的事迹，即便有的事是那些当权者想极力隐瞒的。"

"我国古代的史学家司马迁就是这样一个人，他比导师您还早两三百年呢，他的《史记》一直到现在还为我们所敬仰。"一同学接道。

"好想见见这位完美的史学家！这恰恰也验证了我的观点，那就是只有真实的历史才能流芳百世，不是吗？"卢奇安导师反问道。

"同学们，想要如实去书写历史，记得在收集材料时不能粗心大意，要谨慎调查，反复求证，只有这样才能保证史料的真实度。如果有条件，最好还是目睹那些事件的发生，如果做不到这点，需要采用口述材料，要选择那些经过公证的报告，对于那些有夸大或贬抑的口证，要注意取舍，要用自己的判断去衡量其中的种种可能。"卢奇安导师继续交代。

"很可笑的是，有的历史学家全凭想象去书写历史，里面的地点跟实际相差得不是几里而是若干天的路啊，有的从来没见过甚至没听过叙利亚人，就敢胡乱编写一气。更有甚者发誓说自己的历史故事，是从一个亲身经历的人那里听到的，但根本就不是那么一回事，里面的故事荒唐得让我都笑出眼泪了，这样的历史学家写的历史能算是历史吗？"

"导师，您说的我们这个时代也很多，我觉得他们说的就是一个虚构的故事，但最可恶的就是他们非要打着历史的旗号！"一同学说道。

"是啊，看来这些所谓的'历史学家'什么时代都有。"卢奇安导师无奈地说，"但是完美的历史学家头脑中一定要有一面明镜，这明镜清光如洗，纤尘不染，所照见的人和事与实际完全一样，这样的史学家才能撰写历史。史学家的任务就是把现成的事实加以整理，用文字记录下来。他不需要虚构他所叙述的事情，只需要考虑使用什么样的叙述方法和技巧。"

"导师，那历史写作应该用什么样的叙述方法和技巧呢？"

第三节　历史的写作技巧

卢奇安导师看着眼前一群求知若渴的年轻学子，问道："同学们，你们发现了吗？其实历史学家跟雕刻家很像。那些雕刻家不需要创造雕刻所用的金银象牙等材料，因为那些材料都是现成的，他们只需要将这些材料雕刻成各种图像，然后打磨，去除尘垢，镶上象牙，贴上金饰就行了，他们的艺术体现在对材料处理的技巧上。"（如图 5-4 所示）

历史学家的艺术体现在让读者有身临其境的感觉，并获得一些教训；雕塑家的艺术体现在对材料处理的技巧上。

历史学家
将那些错综复杂的真实事件条理化

雕塑家
将材料打磨，去除尘垢，镶上象牙，贴上金饰

图 5-4　历史学家 VS 雕塑家

"而历史学家的艺术，就是将那些错综复杂的真实事件条理化，并让它们呈现出秩序的美感，然后流畅地将它们记载下来。经过史学家的改造，如果能让读者有身临其境的感觉，并获得一些教训，那么历史学家的'雕像'就算是一件完美的作品。"

卢奇安导师接着说："就像雕塑家在雕塑之前准备材料一样，历史学家在写作之前也需要准备材料。当所有的材料都准备好后，历史学家就可以动笔了。如果历史学家觉得没有必要用序言来交代一些问题，那么他可以直接陈述史实；如果觉得有必要将历史大事的来龙去脉说明白，那么他也可以'以事代序'；如果觉得有必要写序言，那就加上正式的序言。"

"同学们，如果你们要给一本历史著作写序言，你们觉得应该注意什么？"卢奇安导师问道。

"应该吸引读者的注意力，告诉他们这件事非常重要，重要到跟国家的命运、个人的事业或前途相关。"一名同学回答道。

"我觉得作者应该在序言中将历史大事做个简单明了的阐述，让读者虚心听取。"另一名同学补充道。

卢奇安导师点头道："对的，像这类序言一些完美的历史学家曾经使用过，比如希罗多德的序言是：'我希望这段历史不会随着时光的流逝而湮没，因为在这惊人的事件背后，隐藏着希腊人胜利和蛮族战败的秘密。'"

"这样的序言长短不一，根据主题的不同性质而定，序言之后就转入记事，因为这种历史其实就是一篇长长的记事文。我们知道记事文的优点就是叙述流畅、首尾呼应、平铺直叙。所以写这类历史的时候，除了注意行文的措辞，还要保证叙事的连贯性，虽然每一部分都自成一体，但是一件事叙述完之后必须引入另一件事，这样环环相扣，彼此不可分离，最后构成一个整体。"卢奇安导师补充道。

"眼镜妹"问道："导师，如果情节简单还好处理，但是如果内容丰富的话，该怎么处理呢？"

卢奇安导师回答道："记住，任何时候都需要文笔简洁，尤其是内容丰富的时候。除此之外，对一些不重要的细节要一笔带过，但是对于主要的事件则要详细描写。这就好比一场盛宴，有了美酒佳肴、山珍海味时，就不要再把厨房残留的咸菜豆羹也端出来了，这些琐事都可以忽略掉。"

"这一点同样也适用于我啊！"李彤心想，因为有时一个采访会涉及很多人，对于这些人的采访到底该怎么处理，让她很头疼。下次就知道了，要根据自己的主线来取舍，不能把所有人的资料都罗列上去，这样就没有重点了，到时读者就不知道自己要表达的是什么了。

卢奇安导师问道："有的历史学家把序言写得那叫一个灿烂辉煌，长篇累牍，让你产生将要看到伟大著作的错觉，结果呢？你看到的'历史'只是短得可怜的附录。怎么说呢？就像一个戴着巨人面具的小娃娃。这样的写法是不行的，为什么呢？"

"这个跟我们所说的头重脚轻有点像，比例失调，就像有的人上半身太长，腿特别短，所以看起来体形不是很美一样。"一名同学答道。

"是的，写作时要注意文章的结构必须安排得当，身首相称、轻重分明才行，否则就会失调。这就好比头上戴着金盔甲，身上却穿着破烂的胸甲，腿上缠着破烂的猪皮护胫一样滑稽可笑。"卢奇安导师解释道。

"导师，有不少历史作品前面讲得挺好，但后面就'烂尾'了；还有的整个就是没头没脑一大堆事件的堆积；有的前后相互矛盾；还有的干脆把所有事情都搅和在一起，看完了你也不知道他说的到底是什么。看完这样的作品，整个人都不好了。"一个同学抱怨道。

"所以，在历史写作时也要注意写作技巧呢。同样的材料，有的人能写出非常好的作品，但有的人写得却让人难以读下去，除了遣词造句主要就是写作技巧的事。"卢奇安导师笑道。

"同学们，写作时还要注意选材的问题。有的历史著作对一些琐碎无聊的事情大写特写，但对于那些不能遗忘的大事却草草了事，这样的写法也是不可取的。我曾经见过一个历史学家，用不到七行文字就将欧罗巴斯战争写完了，但是却用几十页的篇幅去描写一件毫不相干的无聊小事，好像如果不将这些废话记录下来，我们就对历史无从了解一样。"

一名同学忙问道："导师，写历史时到底要不要描写一些地理环境呢？这样的描写算小事吗？"

"这个要根据需要来说，如果跟你叙述的事件有联系，那么必要的描写还是要有的，就像希罗多德，他认为地理环境也是一个重要的因素，所以他描写的就多。但是在描写山河城堡时，不要夸夸其谈，不要忘了你主要的任务是记述历史的发展，这点修昔底德做得非常好。他惜墨如金，对于有用的环境一点即过，然后马上转入下文，但是对于主题需要的，他会详细去描写。"卢奇安导师答道。

"有一些历史学家因为没有掌握书写历史的技巧，于是对一些自然风光，还有花鸟虫鱼等写得绘声绘色，结果遇到重要事件时，就像一夜暴富的人不知道怎样去花那么一大笔钱财一样，懵了。"

"导师，我们该用什么样的风格来书写历史著作呢？""眼镜妹"问道。

卢奇安导师回答："既然我们认为历史应该真实可信，那么历史的写作风格也应该争取平易流畅，最好用妇孺皆知的词语，避免那些深奥奇僻的词句，最好能做到雅俗共赏。"

"那怎样才能写出雅俗共赏的历史呢？""眼镜妹"继续追问。

第四节　历史叙述的美感

"想要写出雅俗共赏的历史著作，那就要注意历史叙述的美感。"卢奇安导师缓缓道，"这其中又包括文字的'表述之美'，叙事的'真实之美'，史书布局的'匀称之美'，以及选材的'准确之美'。"

"导师，我记得您在前面说过历史必须真实，至于美不美的倒无关紧要，但是您现在为什么又强调历史叙述的美感呢？"一名同学问道。

卢奇安导师反问道："我们穿衣的目的是蔽体或取暖，但是如果在保证这些的基础上，又美观，又舒适，这样的衣服你难道不会更喜欢吗？"

"肯定更喜欢这样的衣服啊！"刚才提问的同学答道。

"'爱美之心人皆有之'，我们都喜欢那些美的东西，如果历史著作在保证真实的基础上，还有美感，那样才会有更多的人喜欢，也会流传得更久远。"卢奇安导师说道。

"说起历史叙述的美感，我们前面说过文字的美感，就是所用的语言要平易流畅、雅而不滥，这样的文章才优美，才能让更多的人喜爱。"卢奇安导师接着道。

"一个作者在序言中这样写:'皇天在上,我发誓这些都是真实的,你可以相信我的记载。'这样的描写多么可笑,一上来就让神助他一臂之力。还有一个作者是这样书写序言的:'帕提亚,枪兵第六排军医卡利谟夫斯著。'用这样平凡的文笔写了一本历史大事件的流水账,这样的历史著作枯燥乏味得让人难以读下去。"

卢奇安导师又道:"还有一位喜欢舞文弄墨的作者,在'弩石发兮山崩地裂''怒涛吼兮电闪雷鸣'这样古朴大气的历史著作中穿插着'他们洗了个澡,穿得漂漂亮亮的'这样平凡的语句,这种感觉就像一个演员一只脚穿着悲剧的高底靴,另一只脚却穿着喜剧的破拖鞋一样滑稽可笑。"(如图5-5所示)

"导师,这就跟我们现在有的作家一样,本来写的都是古代的内容,突然冒出很现代的语言,让人感觉很搞笑。"一同学说道。

"原来这样奇奇怪怪的作者哪儿都有。还有一位热爱纯粹阿提刻语的作者,他几乎将语言净化到洁白无瑕的地步,他不分青红皂白将所有的拉丁名字改成了希腊名字,并且在讲到塞弗里安之死时,他说其他人写的自刎不对,应该是绝食自杀,因为这种自杀方式是最不痛苦的方法,不过他说塞弗里安三天就饿死了,这样胡说八道的写法让人很难忍受,这样的作品读起来又有什么美感呢?所以你们在写历史的时候,一定要注意遣词造句。虽然表达的是同样的意思,但是换一种说法就会不同。"

对于语言的用法李彤深有体会,因为有时同样的意思被刘记改过之后,整篇文章给人的感觉就提升不少,看来以后对于语言文字的用法还得多加练习啊。

图 5-5　历史叙述的美感

　　卢奇安导师接着说："有的作者为了让自己超越修昔底德，把城市、山川、河流等描写得简直细如毛发，整部作品里写了若干次皇帝的盾，盾心刻画的是什么，盾带是什么，盾边又是什么，等等，几乎每一件东西都用了上千行，唉，这样冷淡无味的描写估计北国的冰都比它暖和一些吧。"

　　"历史是要对重大事件进行描写的，对这些琐事，如果没什么作用根本不用去写，他这样舍本逐末的做法让历史失去了趣

味。"卢奇安导师接着说。

"当然也有矫枉过正的作者，他们为了追求历史叙述的美感，将历史写成了诗歌，但是却忘了诗歌与历史在本质上是不同的。诗是自由的，诗歌是诗人的想象，诗人凭借灵感去创作；而历史是真实的，是不能虚构的。诗人可以让宙斯用一根绳子将大地和海洋吊起，不用担心绳索会断，但是历史不能这样写。如果历史也使用这种写法，那就成了无翼的诗，最后历史将丧失崇高的格调，露出伪装的真相。历史学家一定要区分诗和史的不同，不要用错了方法。"

卢奇安导师继续道："对于历史叙述的真实性，前面我已经说了很多，这里只举一个例子再次强调一下。有一个作家从未踏出科林斯境外一步，但是他却在自己的历史作品中写道：'只有目睹的才可信，所以我的记载都是我目睹的，而不是我耳闻的。'然后他开始描写帕提亚的'龙'，他说他亲眼看到帕提亚人把龙绑在大木柱上，然后将其高高挂起，使得敌人望'龙'丧胆。等战争开始后，他们便用龙来攻击敌人，敌人都被龙吞食或者被龙压死，他则是因为当时躲在一个安全的地方观察，才躲过一劫。对于这种连各种武器都分辨不出，将前锋和侧翼混为一谈，对军队和战略名字一无所知的人，其历史叙述的可信度在哪里？这样虚构夸张的历史更别提什么美感了！"

"导师，您的意思是历史著作中不能加入虚构和想象吗？"一名同学问道。

"当然不是，不过要有一个前提，那就是不能违背'华而实'这个真实之美的原则。但是很多历史学家忽略了这种真实之美，舍本求末，最后写了一堆无中生有的浮夸之词，使得作品失去了美感。"卢奇安导师痛心疾首地说。

“同学们，你们听说过大建筑家克尼多斯的故事吗？他建了一座美丽绝伦的巨大灯塔，这座灯塔高高耸立在那里，为过往的船只指明方向。灯塔建成之后，他把自己的名字刻在石碑上，但是却用石膏盖住了，然后再在石膏外面刻上了当朝君主的名字。你们猜他为什么要这样做呢？”卢奇安导师满怀期待地看着大家。

　　“因为随着时间的流逝，石膏和外面的刻文肯定会脱落，到时就会露出他自己的名字，然后他就会被后人记住。”“眼镜兄”回答道。

　　“是的，因为克尼多斯根本没有关注当时当地的现在，而是着眼于千年之后的今日。只要这座灯塔还在，那么他的艺术就永垂不朽！所以，你们以后如果立志当历史学家，我希望你们撰史的时候也要想着只追求真理，而不阿谀权贵，同时着眼于未来，多想未来的世代，而不是当前君主的恩宠。”

第六章
塔西佗导师讲
《编年史》

本章通过4个小节介绍了塔西佗的《编年史》，主要介绍了写《编年史》的原因和目的，古罗马时期历史学家失真的真正原因，提出了如何避免这一问题，还介绍了塔西佗写历史的独特手法。

普布利乌斯·科尔涅里乌斯·塔西佗

（Publius Cornelius Tacitus，约55—120），古罗马执政官、雄辩家、元老院元老、历史学家与文体家。

塔西佗出生于罗马一个行省的骑士家庭，先后担任过财务官、大法官、执政官、行省总督等要职。他的著作主要有《日耳曼尼亚志》《历史》和《编年史》。公元1世纪的罗马史主要靠塔西佗的作品才得以流传下来，这两部作品连在一起构成了一部从提比略到图密善时期（公元14—96）罗马帝国的历史，是历代史学家研究罗马早期历史的珍贵资料。

第一节　"惩罚暴君的鞭子"

　　虽然李彤没有打算成为一个历史学家，但是她觉得去上历史学的课对自己帮助挺大的，不仅对自己的工作有很大帮助，还对自己的人生有指导作用。比如，原来自己很困惑一个问题——当面对强权自己到底该怎么办，是妥协还是坚持自己的原则？——听了好几位大师的讲解，尤其是上次卢奇安导师说的要多考虑后世，让她坚定了自己的决心，那就是坚持自己的原则！

　　因为李彤有时会采访一些有权有势的人，对于他们的新闻到底如何写，原来她一直很迷茫。之前听过有的前辈为了揭露真相，最后不得不退出新闻行业，有的前辈为了"息事宁人"，最后将自己送进了监狱，所以李彤从入行开始就很纠结，想坚持自己的原则，但又有些害怕。

　　听了这么长时间的课以后，李彤明确了自己的态度，那就是坚持自己的初心，做一个自己从小就向往的"正直记者"！

　　想明白这个问题以后，李彤发现自己的内心轻快了很多，对于一些采访，她也能轻松面对，写新闻稿的时候再也不用在一些琐碎问题上浪费时间了。

　　在焦急的期盼中，李彤终于等到了礼拜六。早早吃完饭后，她就赶到了 A 大。大家像往常一样聚在一起就一些历史问题交换看法。戴上头盔的时候，李彤听见"眼镜兄"和"眼镜妹"正因某一问题而争论不休。

李彤和同学们相继来到一座金碧辉煌的大殿里，宫殿很大，四周的圆柱上雕刻着精美的花纹，四壁也有很多美丽的雕像。宫殿的顶是半圆形的，在大殿正中间孤零零地站着一位男子，他的头发稍微有点卷，长着典型的鹰钩鼻。

看到大家，他笑着说："我如期盼民主共和一样期盼大家的到来，欢迎你们！我是塔西佗，今天我来给大家讲讲《编年史》。"

"您就是'惩罚暴君的鞭子'？"李彤惊讶道。因为她昨晚正好看到一段关于他的介绍，当时这个称号给她留下了深刻印象，她还好奇到底是什么样的人能获此殊荣，原来他长这样！

"对，是我本人！这个称号是后人给我的，不过我很喜欢！"塔西佗导师笑道，"因为我认为，历史最重要的作用就是赏善罚恶，也就是保存人们所建立的功业，并把千秋万世的唾骂当作对奸言逆行的一种惩戒。"

一名同学笑道："所以导师您在作品中对那些在罗马历史上建功立业的英雄人物极力讴歌，但是对那些实施暴政的帝王和在宫廷中阿谀奉承、奴颜婢膝的佞臣则尽情鞭笞？尤其是对那些专治的帝王，您用自己犀利的文笔将他们的昏庸残暴刻画得淋漓尽致。导师您知道吗？我读您的文章看到那些恶人作恶非常生气，看到那些勇于反抗暴力的人则感觉很欣慰，我从您的书中看到了善与恶！"

"听你这么说我很开心，我写这本书的目的也就达到了！我认为人不是一生下来就能分辨出是非对错，就能知道什么是有益的，什么是有害的，大多时候我们都是通过他人的经验才知道的。所以，我想把过去的历史记录下来，让人从史书中得到教训，从而分辨出是与非，美与丑。"塔西佗导师看着大家道。

"导师，千百年来您的名字让那些专制暴君和独裁者胆战心惊，吓得拿破仑曾经污蔑您是'人类的诽谤者'，这说明您的著作不仅仅打在罗马暴君的身上，而且痛到后世一切专制暴君的心里。您是暴君的仇敌，是热爱自由人们的朋友，曾经有革命先驱者身陷囹圄，临死前还在昏暗的监狱里读您的著作，您的心和世界上所有追求自由进步人士的心是连在一起的。"一名同学道。（如图 6-1 所示）

"导师，一般人写历史肯定是按照时间的先后顺序写，但是您的《编年史》是在写完《历史》之后才写的，并且听说当时您写《历史》时是非常痛苦的，那为什么您还要去补写《历史》之前的部分呢？""眼镜妹"问道。

"因为写完《历史》后，我还是对多米提安的残暴统治难以

塔西佗，你是人类的诽谤者

释怀，我想弄明白是什么原因导致罗马共和制度过渡到帝国，所以我才去补写了帝国初期的历史。"塔西佗导师道。

"罗马是从一个城邦开始的，那时采用的是共和制。但是，随着罗马版图的不断扩张，内外事务也变得越来越复杂，以前用来治理一个城邦的体制已经渐渐变得不适应了。因为之前有过非常时期将全部权力集中于独裁官一人的情况，如苏拉和恺撒，

塔西佗，您是我们追求自由人士的榜样

《编年史》

图 6-1　对塔西佗的评价

所以到屋大维时就将这种独裁统治正式固定下来了。"

一名同学问道："导师，为什么罗马人不去反对呢？从您的作品中可以看出相对于独裁，人们还是更爱好共和啊？"

"那是因为屋大维从恺撒失败的独裁统治中吸取了教训，没有明目张胆地成为独裁者。他通过一系列手段和伪装，一步步强化了自己的专制制度，披着共和的外衣实际上执行的是独裁统治，只是当时大多数人都没有意识到而已。"塔西佗导师抬头看了看宫殿的圆顶，遗憾地说道。

"当罗马从共和国发展到帝国，世界局面已经改变，浑厚淳朴的古风消失不见了，政治的平等也随风而逝，所有人的眼睛都看向皇帝的敕令。"

"导师其实您是非常怀念共和时代的吧？所以，你在著作中对共和时代的美德大加赞赏，但是对帝国时代却极力贬低，尤其是对皇帝的残暴和丑行。"一名同学道。

"是啊，可惜一切都回不去了！"塔西佗导师叹道，"虽然我生活在罗马帝国的盛世，但是在这繁荣的背后却存在着各种社会矛盾。因为我也是一名'政府高官'，了解到一些'内幕'，看到了君主专制的弊端，所以我反对暴政，鞭笞暴君，希望他们引以为戒。"

第二节　为什么史学容易失真？

一名同学好奇道："导师，其实您是怀恋共和讨厌帝国的，那您在写历史时会不会因为个人喜好和憎恶而'失真'呢？"

塔西佗导师立即回答："当然不会！我给自己立下了一条原则，那就是下笔的时候要做到心态平和，既不心怀愤恨，也不故意偏袒。事实上我并不熟悉帝国早期的元首，跟他们也没有任何的恩怨，所以他们根本无法影响到我。虽然我的政治生涯因韦伯芗才开始，并且得到提图斯的提携，图密善也帮了我的忙，但是我从始至终都坚持我的写史原则，在写任何人时都会去除自己的爱憎之情。我力求公正地去书写所有的人，不敢有任何私心，因为我希望自己的著作能给后人以启迪。"

"导师，您能有这样的心态真的是太伟大了！要知道罗马的历史是在希腊的影响下才出现的，那时虽然罗马已经是个大国，但是文化主导权却把握在被征服者希腊人手里，所以罗马早期的历史都是用希腊语写的，其目的也是为了向希腊人宣传罗马人的威风。""眼镜兄"喘了一口气接着道。

"后来受到希腊修辞学的影响很大，加上民族的虚荣心及大国主义情怀的影响，渐渐增加了大量虚构和想象的成分，所写的历史事件真假难辨，这一时期的历史根本不能算是真正的历史。不过这些作品可读性强，在当时很受欢迎，影响十分广泛。后人又在这些作品基础上编写历史，其作品的可信度就降低了。在这种情况下，您提出了客观写史的原则，并用这样的原则严格要求自己，所以您的历史代表了罗马史学发展的最高成就！"

塔西佗导师摸摸自己的鹰钩鼻，有些不好意思地说："谢谢你们的认同，不过我也没有你说的那么好。其实在这之前，已经有很多史学家提出了要真实记载以往历史的经验和事实，不过他们仅关注实现'历史真实'的具体方法，比如如何处理直接史料和间接史料等。虽然也有史学家发现史学家本身也会影响历史的真实性，但他们觉得这主要是史学家个人的知识不足或修养不够造成的，没有想到造成历史'失真'的根本原因不是这些。大家想想，是什么造成了历史'失真'？"

"所处的政治环境吧？"一名同学不太肯定地回答，"有时因为环境不允许他们去真实记录当时的历史。"

李彤想起之前有一篇带有个人情感的稿子被刘记批的事情，于是说道："写作者个人的喜好。"

"对，政治环境也有一部分原因，但不是根本原因，历史之所以'失真'其根本原因就是史学家的主观感情。我亲身体验到了思想专政的恐怖，也亲眼看到有的史学家丢掉了自己的坦率和真诚，开始没有廉耻地夸赞当朝元首，或胡乱地贬低当朝元首，那时我知道真正的历史学家消失了。"塔西佗导师痛苦地说。（如图 6-2 所示）

"他们之所以变成这样，是因为有的历史学家为了逢迎他的主人而随意编造历史，有的历史学家因为极为痛恨当朝元首和那些谄媚小人，于是忘记了要对后代负责，也随意编造历史来表达自己的不满，这两种情况都是因为历史学家的主观因素造成的。所以我发誓，自己在著书过程中一定要规避这一缺点，要以无忿无偏、十分超然的态度去撰写历史，给后世留下一部真实可信的历史。"

"导师您确实是这样做的。虽然您反对维提里乌斯的暴政，对他的暴行有很多描写，但是对他做得好的地方也会如实描述，比如您记载了他是第一个下令所有军队当职人员不许无故早退，并且要对任何事情全权负责的皇帝。他还严查军队的腐败。在管理帝国方面，维提里乌斯提拔了很多没有显赫背景的自由民做高级官员，并且还是第一个允许骑士阶级参与民事政治管理的皇帝。您很少直接抨击维提里乌斯的人格，更多的时候只是对他提出批评和褒贬。这跟您同时期的其他历史学家有很大不同，他们有的或者只有称赞，或者只有抨击，但您却是全面地去描写，这让我们对维提里乌斯的了解更加全面。"博学的"眼镜妹"称赞道。

历史"失真"的根本原因是史学家的主观感情

图 6-2　历史失真的原因

"暴君也有做得好的地方，对于他们做得好的当然要记录下来，方便以后的明君学习。"塔西佗导师笑道。

"导师，您说是人的主观感情影响了史学的真实，并且提倡史学家要抛却个人爱憎之心客观地去写史，并且您也努力这样去

104

做。对于您的本意我没有任何怀疑，但是我觉得您的'客观主义'很难实现，我们很难完全抛开自我去客观写史，虽然您想抛弃自己的偏见去客观写史，但是您却用'道德家'的尺子去衡量历史，这本身就有所偏颇，怎么能做到客观呢？其实很多地方您都无意识地表现了自己的偏见。""眼镜兄"说道。

塔西佗导师耸耸肩道："愿闻其详！"

"比如，您反对罗马皇帝的专治统治，但是因为您本身就生活在君主政体之中，并且还是一位高官，所以虽然您反对，却还是盼望一位明君，并且您主张元老院和元首进行调和。您说'即便在专制的元首统治下，也有一些伟大人物出现，如果将温顺服从与奋发有为结合起来，也能声名显赫'！""眼镜兄"说道。

"还有，对于那些罗马帝国的皇帝，您都把他们写成了暴君，虽然对于他们做得好的地方也有所描写，但还是有失公允；罗马的帝制虽然有残忍的一面，但是不可否认它对社会发展也起到了推动作用。对于这些您都没有客观地评价过！"

塔西佗导师微笑道："对于这位同学的批评我虚心接受。当时我所处的时代世风日下，人心不古，我想通过自己的褒贬来促使大家道德水平的提高，就像你们的孔子编史是为了警世一样，所以我在编史时主要是从道德教育角度去写的，难免会有失公允！所以，大家读历史的时候要学会辨析，勤于思考，总结经验，为己所用！"

塔西佗导师刚说完，同学们就用热烈的掌声表达了自己的称赞和感谢。看到大家信任的眼光，塔西佗导师感动地说："同学们，我发现跟你们一起讨论问题很有意思，也有不少收获，还发现了自己的一些问题，很开心。下面我们一起讨论历史写作中的一些问题吧！"

第三节　原来历史也可以运用悲剧手法！

　　"导师，您的《编年史》堪称古典史学名著，并且其文学价值可以跟史学价值相媲美了，里面有很多名言警句，比如'一旦皇帝成为人们憎恨的对象，他所做的好事和坏事都会引起人们对他的厌恶'都已经变成著名的'塔西佗陷阱'了。快给我们讲讲，您是怎么写出这么优秀的著作的。"同样也从事历史写作的"眼镜妹"急忙问道。

　　塔西佗导师笑道："我的作品主要是为了'惩恶扬善'，警示后人，所以在写作前我就进行了精心的构思，在写作过程中我没有拘泥于史学写作的固有方式。为了表现我想要表达的主题，我借助了演说、戏剧等其他文学体裁的写作手法。为了给大家留下深刻印象，我大量使用了悲剧的叙事手法。"

　　"导师，历史著作也需要构思吗？"一名同学问道。

　　"当然了！为了达到教育后人的目的，在写作的时候肯定要考虑怎么写才能让读者有兴趣，并且读完对他们产生巨大的影响。为了达到这样的目的，我运用了很多戏剧的叙事和表现手法，以此来体现人们在帝制下的悲惨命运。并且我还对一些灾难性场景进行了细致描写，让读者产生身临其境的感觉，从而激发他们的情感，给他们留下深刻印象。"塔西佗导师解释道。（如图 6-3 所示）

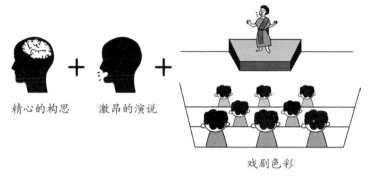

精心的构思　　　激昂的演说

戏剧色彩

悲剧手法

图 6-3　塔西佗的历史写作手法

　　"对啊，有时候对某些场景着重描写，可以借这些来调动读者的情绪，从而达到自己的写作目的。"李彤心想，"下次再写稿时要用这个方法试试！"

　　一名同学问道："导师，所有的历史作品都可以运用悲剧的手法吗？"

　　"不可以！因为悲剧通常模仿人的行为，其范围很小，但是历史往往讲述的是宏大的事件，所以只有一部分适合运用悲剧的手法。同学们想想，悲剧和历史作品在哪些方面有相似之处呢？"塔西佗导师问道。

"情节设定！"一名同学回答道，"通常悲剧是因为内在性格的缺陷导致的，所以个人传记可以借助这样的情节设定。此类的作品一般列举主人公的缺陷，比如道德败坏、喜欢杀戮等，虽然他取得了很多成就，但是最终无法摆脱失败的命运，产生了悲剧。"

"是的，我认为罗马帝国的败落也是因为统治者道德的败落及人性的缺失，所以我也可以利用戏剧式的叙事结构让道德和人性的主题得以凸显。"塔西佗导师道。

"你们说戏剧往往有几种典型人物呢？"

"导师，你们那时戏剧的典型人物通常就是暴君、正直的官员、阴险狡诈的近臣、恶毒的妇人、狡猾的奴隶等。"一名同学回答道。

"我的作品也有这些角色，不过他们不是虚构的，而是现实中存在的。《编年史》的主线就是各位暴君的命运，所以这部作品肯定少不了暴君这个角色。在第一部分中，我让提比略扮演了暴君的角色，正直的官员角色是日耳曼尼库斯，阴险的近臣是赛亚努斯；在第三部分中，尼禄是暴君，塞内加是正直的官员，尼禄的母亲是恶毒的妇人。人物角色虽然相同，但是他们的实质却不相同，各有各的特点。"塔西佗导师道。

"比如《编年史》中提比略的残暴就和尼禄不同，提比略看起来风光无限，他既是奥古斯都的养子，又是皇帝的乘龙快婿，最后还继承了王位，他的命运看起来一帆风顺，但风光背后是悲惨的生活。他的母亲将他视为政治工具，奥古斯都逼他与自己的原配夫人离婚，然后娶其女儿朱丽亚，而朱丽亚不仅放荡还看不起提比略。这些都造成他性格上的缺陷，从而导致了其政治上的残暴，最后造成了悲惨的结局。"

塔西佗导师接着说："虽然每个皇帝的命运都是独特的、个别的，每位皇帝任职期间所发生的事及人都是不同的，但是通过我精心的组织安排，他们的命运都是相似的、不断重复的，里面的四个皇帝最后都不得善终，比如：提比略被闷死，卡利古拉被刺死，克劳迪被毒死，尼禄被逼自杀。"

"导师，您借助悲剧的手法，将个别事物串联起来，变成普遍规律，并将这规律呈现在读者面前，从而让读者产生反思。读者通过您的讲述，最终明白是帝制让人对权力产生渴望，这种渴望扭曲了人心，从而导致政治上的腐败，最后让人民和皇帝都被悲惨的命运所控制，无法摆脱。只要帝制存在，这种悲剧就会一直上演。您通过这种悲剧式的叙述方式和结构安排，实现了自己的说教目的。"一名同学总结道。

塔西佗导师道："通过悲剧手法，一方面凸显了帝制下人们悲惨命运的必然性，一方面通过悲剧的渲染加深读者的印象。"

"所以导师您在《编年史》中有很多暴力和死亡的描写？"一同学问道。

"是的。"塔西佗导师回答，"比如我详细描写了克劳迪被毒死及尼禄将阿格里皮纳杀死等场景。不知道你们发现没有，《编年史》很多都是以人物死亡场景作为结尾的，这是典型的悲剧式写作手法。"

"导师，有人形容您这就好像'悲剧的落幕'一样。"一名同学补充道。

另一名同学问道："导师，您为什么要这样做呢？"

"这可以唤起读者的恐惧和怜悯之心，和悲剧所追求的表达效果是一样的。通过这种悲剧手法，能让读者深刻认识到，在残暴帝制的统治下，任何有道德和有权力的人都不能摆脱悲惨的命运，这就是帝制的必然！"

"导师，要达到悲剧的效果，除了手法外，还需要文字的精准表达，您是怎样让文字准确表达出您的感情呢？""眼镜妹"问道。

第四节　怎样用文字去表达自己的感情？

听到"眼镜妹"的这个问题，李彤立刻兴奋起来，这也是她想问的，她目前正好有这方面的困扰。因为她对目前社会上有些风气很不满，想用文章去表达，只是每次写出来的文章火候还有所欠缺，好像还达不到唤醒人心的境界。到底要怎样写才能写出让人心灵颤抖的文章呢？

塔西佗导师道："为了让读者产生恐惧，我对人物的死亡描写得极为细致。比如塞内加的死亡，我是这样描写的：'说了这些话以后，他们各自在自己的血管上切了一刀。不过由于塞内加已经上了年纪，长年简朴的生活让他的面容更加憔悴，所以他的血流得非常慢，他只得又切断了腿部后面的血管。''即便这样塞内加也没有马上死去，所以他只得请求他最信任的老朋友——斯塔提乌斯·安奈乌斯，也是一位能干的医生将毒药给他。这毒药很久以前就已经准备好了。''毒药拿来之后，塞内加便一口吞了下去，但没起什么作用，因为他的四肢已经冷却，他的身体已经无法感受到毒药的作用了。最后没办法，他只得又把自己泡进一盆热水里面，将盆里的一些水洒在身旁那些奴隶身上，并说这是向解放者朱庇特所行的灌奠之礼。之后他被抬去洗蒸气浴，

最后在那里才窒息致死。'从这样细致的描写中，你们感受到了什么？"（如图6-4所示）

图 6-4　怎样用文字表达感情

"我感觉好恐怖。本来割脉自杀肯定很疼，结果一次、两次都没成功，要是我肯定不敢再尝试了，因为太痛苦了。"一名同学说。

"这个死亡描写太逼真了，感觉他的刀就像割在我的身上，通过这样的描写我很同情塞内加，心里很愤怒，为什么还要让这老人遭受这样的痛苦，这是什么样的社会，让善良正直的老人这样痛苦地死去？"另一名同学激动地说。

"你们产生这样的感觉说明我的目的达到了，我就想通过这样的描写让人们认识到帝制的弊端。你们看到了吗？通过对一些场景的细致描述，可以将自己对人物的感情充分表达出来。当然在描写这些历史细节时，必要的想象是不能缺少的，不过这些想象要建立在真实历史事件的基础上，不能是胡编乱造的。"塔西佗导师说道。（如图 6-5 所示）

历史学家说：
在描写历史细节的时候，必要的想象是不可或缺的，但要建立在真实历史事件的基础上，不能是胡编乱造的。

图 6-5　描写历史细节要真实

一名同学称赞道："导师，您用简洁有力的文字风格和极度讽刺的手法，将帝国初期的暴君形象刻画得栩栩如生，就像我们国家的鲁迅先生一样，想用自己手里的笔唤醒国人的意识。"

塔西佗导师道："看来历史总是惊人的相似。我想用嘲讽的语气，剥去那些自诩'君子''圣人'皇帝的伪装，把他们荒诞的生活都呈现在大众的眼前。当剥去他们用来伪装的'神圣外衣'后，将他们的一切丑恶都暴露出来，让他们丑陋的灵魂在阳光下暴晒。只有这样才能对那些暴君有鞭笞作用。"

一名同学笑道："我们来听听导师的笔是多么辛辣！这是导师描写提贝里乌斯内心恐惧的一段文字：'如果暴君们的灵魂能放到阳光下面摊晒的话，人们肯定能够看到上面的裂口和伤痕：

如同鞭子可以在身体上留下伤痕一样，残酷、情欲和恶意也可以在人的精神上留下伤痕。不管提贝里乌斯处在高高的皇位，还是处在与世隔绝的状态，他都不能不把良心的痛苦和应得的惩罚招供出来。'"

"是啊，导师的这些话简直就像利剑，直击我们的内心啊。"一名同学感慨道。

"如果我是独裁者，听到这些话后肯定会想自己是不是也会面临这样的境况呢？虽然导师说的是提贝里乌斯，但这也是说给一切专制暴君听的啊。难怪导师被人称为'暴君的鞭子'，这鞭子是打在一切专制暴君的心上呢，导师是用语言文字让暴君闻之色变啊！"另一名同学说道。

塔西佗导师笑道："因为我太痛恨专制暴君了！我要把他们的形象生动地刻画出来，让大家都见识他们的暴虐。不过前面我也说过，虽然我有这样的目的，但我还是坚持了自己'下笔时既不心怀愤懑，也不意存偏袒'的原则。"

一同学又道："导师，我们知道您的原则！不过，虽然您没有有意偏袒，但是您的笔已经告诉我们您的观点和看法了。比如描写罗马暴君的典型——尼禄时，您采用嘲讽的手法让一个不理朝政、荒唐不羁的'风流皇帝'跃然纸上。"

"还有导师在批评那些罗马的执政官、元老等人的媚态时，是这样写的：'这时罗马的执政官、元老和骑士都争先恐后地想当奴才。一个人的地位越高，也就越虚伪，就越急不可待地想当奴隶；不过他需要控制自己的表情：既不能为老皇帝的去世表示欣慰，又不能为新皇帝的登基表示不当的忧郁。他流泪时要带着欢乐，哀悼时要带着谄媚。'"

"导师通过这些文字将那些人的心态揭示得惟妙惟肖，尤其是'他流泪时要带着欢乐，哀悼时要带着谄媚'，这话简直绝了！"一名同学点头称赞道。

"导师既有政治家的深刻，又有史学家的敏锐，还有文学家的文笔及道德家悲天悯人的济世情怀，所以才能妙笔生花，将自己的历史观通过一个个形象的故事表现出来，并准确地给后世之人以警示。"一名同学赞叹道。

"导师，我通过您的文字还感受到您无法言喻的辛酸与无奈，感受到您深深的痛苦。"一名同学说道。

塔西佗导师道："我觉得只有表达出史学家痛苦的作品，才是真实的，才是有益的，因为在人类所有的历史与现实中，只有痛苦最深刻。我坚信是帝制导致了罗马的灾难与不幸，所以我要将罗马与罗马人民的喜怒哀乐、悲欢离合写出来，我要将个人的不幸、国家和民族的伤痛以及这个时代的苦难和罪恶都记录下来，让大家在充满灾难的历史中忆古思今，忧心忡忡。唯有如此，才能更好地警示后人！

同学们，史学家只有'哀生民之多艰，涕国家之多舛'，只有心怀天下苍生，才能写出历史佳作！一切的手法都只是实现这个目的的工具，你们不要舍本逐末或者本末倒置！"

第七章
费弗尔导师讲
"年鉴学派"

本章主要介绍 20 世纪出现的新史派——"年鉴学派"，介绍了年鉴学派产生的原因、主要主张、学术特色，让读者对年鉴学派有个大概的认识，并能简单使用一些年鉴学派的方法从事历史研究。

吕西安·费弗尔

（Lucien Febvre，1878 年 7 月 22 日—1956 年 9 月 11 日），法国历史学家，年鉴学派创始人。

吕西安·费弗尔出生于法国南锡，1929 年他与布洛一起创立了年鉴学派，并创办了其核心刊物《经济与社会史年鉴》，1946 年该刊改名为《年鉴：经济、社会与文明》。他的法文著作包括《菲立浦二世和弗朗什孔泰》《土地与人类演进》《命运：马丁·路德传》《全观历史》《为历史而战》等；英文著作有《地理观的历史导论》和《历史新种类：费弗尔选集》。

第一节　史学家要走出封闭的小圈子

上完塔西佗导师的课后，李彤在自己的笔记本中总结道：以后写稿的时候，要克服自己的主观感情，尽量做到客观；写作的时候可以用饱含感情的文字表达自己的憎恶。

写完之后，李彤发现塔西佗导师的观点是前后矛盾的，既然宣称要客观写史，为什么还要用饱含深情的文字来表达自己强烈的憎恶呢？看来连伟人也会"说到做不到"，真正地"抽离自我，超然物外"太难了，毕竟人都是有感情的。不过李彤还是告诫自己，以后写稿尽量做到客观、公正。

闲来无事，李彤翻看之前上课后自己总结的笔记，无意中发现这些历史讲的都是帝王将相的事迹，要不就是英雄人物，好像没有看到普通人的故事。作为普通人，李彤有些失落，难道像自己这样普普通通的人就不配被历史记载吗？要知道这个世界就是被这些普通人创造的，可是历史竟然没有给他们一个交代，这太不公平了！

周六上课前，李彤将自己的想法跟大家说了，一名历史学专业的同学解释道，20世纪出现的"年鉴学派"就提倡历史不是个人历史，应该也给普通人一个历史地位。

"年鉴学派？"听说这样一个为普通人"伸张正义"的学派，李彤很想今天就能学到。于是戴上头盔的时候，她闭上眼睛默默祈祷了一番。睁开眼睛的时候，李彤看到一个开满鲜花的花园，在花从中站着一位穿西装的男子，他正微笑地看着大家，道："欢迎你们的到来，我是吕西安·费弗尔，今天我来给大家讲讲年鉴学派！"

听到年鉴学派，李彤有些意外，没想到自己的愿望真能实现，她赶忙问："导师，什么是年鉴学派？"

费弗尔导师答道："这是法国史学的一个流派，开始于20世纪30年代。之所以叫年鉴学派，是因为当年我和马克·布洛赫创办了一个叫《经济社会史年鉴》的杂志，我们主张历史是人的历史，反对过去那种以政治人物或政治事件为主的历史写作方法，提倡用现代的方法全面书写人的历史。"（如图7-1所示）

图 7-1　历史是人的历史

"导师，19世纪是西方史学的辉煌时期，那时占欧洲史坛统治地位的应该是实证学，他们提倡'真实性更重于文采'，对史料的真实性非常重视，并让历史从文学、哲学中独立出来成为一门专业的人文学科。当时一个非常有名的学派就是兰克学派，他们提倡将历史学放在严密的方法论上，然后对文献史料进行严格考据。他们在欧美各地产生了极大的反响，1898年法国历史学家还专门对实证学的研究方法和原则做了全面介绍，可以说达到史学的顶峰。为什么在这样的情况下，你们会提出相反的意见？""眼镜兄"推推自己的眼镜问道。

"虽然实证派的发展达到了顶峰，但是也引起了各方面的质疑和挑战。"费弗尔导师看着远方，好像陷入了回忆，他缓缓道，"首先，实证派秉持客观、实证的理念开始对众多的历史资料进行汇编，因为资料太多难以穷尽，所以需要对历史事实有选择地汇编，但这种选择是建立在史学家主观性上的，这与'研究者要绝对客观'及'让史料自己说话'的原则不符。"（如图7-2所示）

"其次，因为实证派对史料客观性的追求，让历史学逐渐沦为史料学，这无疑限制了史学研究领域的扩大。并且这些史料主要还是文字史料，记载的主要是国王、大臣等上流人物的活动。根据这些资料写出的历史很难让人对过去的生活有个全面的认识，并且这样的历史还让人产生一种错觉，觉得历史的进程完全就是由上层人物操纵的，历史事件也是由他们的喜好所决定的，对于在历史进程中起重要作用的社会经济因素根本就体现不出来。"

"原来是因为史料的原因，才让历史变成了少数人的历史，看来当时根本没有人记录普通大众的资料。"李彤心想。

"再次，虽然史料派力图抛开史学研究的主观性，提倡让'史料自己说话'，但是当时政治斗争、民族斗争风起云涌，这样的理念根本就做不到。当时法国史学家倾向反教会的世俗化，德国史学家则需要为德意志的统一而服务，哪里还有客观主义？"费弗尔导师继续道。

"最后，因为实证派对学科独特性和客观性的强调，导致历史学家将注意力放在对具体历史事件和细节的评判和考据上，使得历史学跟其他学科渐渐分离开来。并且他们通常将个别、特殊和不可重复的事件作为研究对象，忽略了对同类事件的概括与归纳，从而把发现事物规律的职能让给了其他学科，使得历史学面临将不再是一门严格学科的危险。"

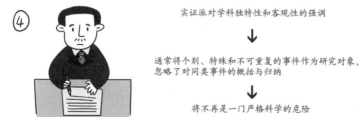

图 7-2　实证派倒闭的原因

"在19世纪末20世纪初，各种社会科学快速发展的时代，当实证史学家们还在为帝王将相生活中的细枝末节而争吵不已时，其他学科已经开始深入探究人类社会发展的原因了。当时，很多社会学者开始公开指责历史学只具有亚科学的地位。在这样的危机下，无论是德国还是法国，实证学都面临着严峻的挑战。"费弗尔导师缓缓道。

"导师，当时法国的实证派是在国家的扶持下发展起来的，它根本就没法兑现自己保持客观的承诺，因为它们还要为统治者服务。"一名同学说道。

"是啊，那时法国实证派有强烈的民族主义，他们想把全体法国人集合起来向德国人复仇，怎么可能保持客观中立呢？对于他们所提倡的客观性和真实性，我们也只能一笑而过了。"费弗尔导师道。

"导师，通常危机也意味着转机，中国有句古话叫'不破不立'，很有哲理。"一名同学说道。

"对，'不破不立'！"费弗尔导师道，"当时社会学中的涂尔干学派对传统史学发起了猛烈抨击，他们觉得历史学应当成为社会学的一个分支，为社会学家收集资料，让社会学家根据这些资料来探寻社会现象发展的规律。后来我们的恩师亨利·贝尔又在1900年创立了《历史综合杂志》，拉开了法国史学革命的序幕。贝尔主张以历史学为中心将人类所有知识都综合起来，当然这个历史可不是所谓的'实证派历史'。涂尔干学派将传统史学的缺点揭示出来，引起了一些学者的反思，并开始尝试用一些新的观念来改造传统的历史学。贝尔又提出了历史综合思想，并用创办的杂志为跨学科的历史研究开辟了道路。"

费弗尔导师的声音高昂起来，他说："并且弗朗索瓦·西米安在《历史综合杂志》上发表了一篇至今让我记忆犹新的文章——《史学方法和社会科学》。在这篇文章中，他主张历史学家应该走出封闭的小圈子，将视角从个人转向社会，从注重个体转向重视普遍社会现象，进行研究并找到其发展规律和发展原因。"

费弗尔导师好像陷入了回忆之中，他接着说："西米安对传统史学的批判让我震撼，并且他还致力于史学实践，他是法国经济史学的鼻祖，他认为经济史是一个在历史学中可以和社会学相吻合的分支，并且进行了一系列研究。他的研究让我看到了跨学科研究的重要意义，推动了年鉴学派的创建。"

"1929 年，我和布洛赫创办了《经济社会史年鉴》杂志，于是年鉴学派创立了。"费弗尔导师道。

"导师，您的年鉴学派可以说是彻底扭转了法国史学的发展方向！"一名同学大声说道。

"要说 20 世纪法国史学发展的主流，非年鉴学派莫属啊！"另一名同学说道。

"导师，年鉴学派跟传统史学到底有什么不同呢？"李彤问道。

第二节　只有整体历史才是真正的历史

"看来有同学都等不及了。"费弗尔导师笑道，"不过，在介绍年鉴学派的独特魅力之前，我们还是先来看看年鉴学派产生的社会背景吧！"

"年鉴学派的发源地是斯特拉斯堡，位于德法边境，之前该市的主权经常在德法之间变动，因此这个地区的语言和文化兼具德法两国的特点。1918年，第一次世界大战结束，德国战败，于是原本隶属德国的斯特拉斯堡重归法国管辖。法国政府打算在这里建立一所全新的斯特拉斯堡大学，让它成为莱茵河文化的中心，以此保证法国思想文化在欧洲的威望。"费弗尔导师接着说。

"跟那些老牌大学相比，斯特拉斯堡大学受传统史学影响较小，并且因为广泛的国际文化交流很快就成为法国学术界新思潮的中心，而我和布洛赫正好任斯特拉斯堡大学教授，受这些新思潮的影响，我们创办了《经济与社会史年鉴》。"

费弗尔导师接着说："当年我们致力于拓展历史学研究领域，也学恩师贝尔创建了综合研究讨论会，把历史学家、人类学家、地理学家、社会学家聚集在一起，进行广泛的跨学科的综合研究，并通过《年鉴》杂志这个开放的平台将研究成果发布出来。"

"导师，年鉴学派带来了很多观念上的创新，不仅历史研究领域拓展了，史学研究方法也发生了变化，并且关于史料的观念也发生了变化。您能详细跟我们说说吗？"一名同学问道。

"哈哈，让你们久等了，我这就讲。其实，年鉴学派跟传统史学的不同之处总结起来主要有以下几点。"

"首先，年鉴学派提倡研究全面的、整体的历史，这就要求历史学家要对整个人类的生活进行研究，也就是说历史学家除了要关注政治、军事外，还要研究经济、思想、文化、宗教，以及与人类生活相关的各个方面。"

费弗尔导师接着说："历史是人的科学，是研究人的经济和社会活动的历史，我提倡对历史进行多学科的综合研究。因为人类是一个整体，绝不能被切割成一块块的，历史的整体也不能分割，让事件在这边，思想和信仰在那边，所以历史研究不能将组成历史的各个部分分开进行研究，而是要把它们有机联系起来进行研究，这样历史学家就不能再各自为政，而要从封闭的、狭隘的传统史学中走出来，彼此交流，共同研究，只有这样才能是总体的历史，也只有整体历史才是真的历史。"

"导师，既然要研究整体的历史，历史学家就不能再将目光紧盯在少数人身上了，那么历史学家的眼睛应该放在哪些事情上呢？"很久没有提问的"眼镜妹"问道。

"当然是将目光从国王、大臣、将军等上层人物身上转移到下层群众身上。"费弗尔导师说道，"传统史学家只研究那些政治事件中的'精英'人物，这种研究只是坐井观天，根本没有看到历史事实中的深层结构和宏观面貌，所以他们的历史学距离历史真相越来越远。而真正的历史则是隐藏在这些现象背后的。"

"所以，导师您写的《命运：马丁·路德传》这本著作跟传统的史学著作不同，您关注的不是马丁·路德个人的内心世界，而是16世纪德国下层民众的集体心理。您还将马丁·路德的个人心态与德国民众的集体心态进行了对比。"一名同学说道。

"是的，通过这些研究，可以看出个人在历史事件中的作用已经变得微乎其微，已经不再是研究的重点，相反德国民众的集体心态才是最重要的。所以，历史学家想要找到历史事件发展的主要动因，必须要重构当时下层民众的心态。"

费弗尔导师接着说："我们再来看看年鉴学派的另一个独特之处吧。"（如图 7-3 所示）

图 7-3 年鉴学派跟传统史学的不同之处

"年鉴学派否定个人偶像，提倡群众主义。年鉴学派认为历史不是个人的历史，所以历史研究不能只围绕着人物，而不去考察社会制度、社会现象等方面。我们尤其反对那些只注重大人物的历史，我们提倡也要给百姓历史一个地位。我们认为，在持久不变的空间环境中出现一位改良采伐技术的普通农民，他的重要性跟赢得一场战役的将军是一样的。"

"导师，您这众生平等的思想提高了我们'草根'阶层在历史研究中的地位呢，我喜欢您这样的思想！"李彤赞叹道。

另一名同学说："导师，您让历史研究向普通民众下移，这扩大了历史研究的范围，让历史材料的来源更加丰富，也更加真实了。"

"但是，导师，年鉴学派也是有缺陷的。"一名同学道。

费弗尔导师说："这是必然，历史告诉我没有完美的体系。请你跟大家讲讲年鉴学派的缺陷吧，毕竟是我的'孩子'，我不忍心去说它的不好。"

那名同学道："首先，年鉴学派提倡'总体史'，但是不可能有真正全面、整体的历史，只能是局部的、有选择的历史；其次，年鉴学派提倡在方法上创新，这容易让史学家陷入对方法的崇拜，而忽略史学研究的求真本质，可能会出现史实服从于方法，或任意裁剪、解释史料的现象；再次，如果历史被各种模型、结构、时段切割而碎化，那么史学就失去了本身的特点，这样就会有被其他社会科学同化的危险。"

费弗尔导师点头道："你总结得很对，这些问题在年鉴学派中确实存在，我只能期望于你们顺应时代的发展，提出更加合适的理论。"

第三节　跨学科研究历史

　　"导师，当年你们年鉴学派的创立也是顺应时代的需求吗？"一名同学问道。

　　费弗尔导师答道："当然，虽然年鉴学派创立是因为当时传统史学已经陷入危机，但是不可否认第一次世界大战后，法国社会发生了明显的改变，经济地位日益突出，影响了社会生活的方方面面。为了适应这种变化，历史学家也开始将目光从政治转向了经济。1929年，世界经济危机爆发，给年鉴学派创造了一个很好的机会，也就在那一年，《经济与社会史年鉴》杂志正式创办。"

　　一名同学说："导师，你们在杂志创刊号上的宣言现在读起来依然让人感慨万千。你们说：'我们都是历史学家，都有共同的体验，并得出共同的结论，但是我们都为传统分裂状态所产生的弊病而深深苦恼。目前，我们一方面面临着历史学家还在用陈旧的方法去研究过去的文献材料；另一方面，从事社会、经济研究的人正在增多。但是，这两方面的研究者却相互不理解也不沟通。现在历史学家和其他学科的研究专家之间也存在这种互不往来的闭塞状况。当然，各行的学者在自己的专业里精耕细作这无可厚非，但是如果他们能相互关心一下邻居的工作，那就再好不过了。可是，我们却发现这种联系被一堵高墙隔开，针对这种可怕的分裂，我们在此疾呼，希望大家携手共进，共同创造新的历史！'"

"谢谢！从后代人口中再听到这段话我很感动！"费弗尔导师有些哽咽地说，"因为历史的整体是不能分割的，所以我提倡要对历史进行跨学科的研究，也就是说研究历史时除了应用历史学的理论和方法，还可以从其他学科的理论和方法中寻求帮助。"（如图7-4所示）

图 7-4　历史需要跨学科研究

一名同学问道："导师，为什么要这样做呢？没有应用这样方法的历史不也是挺好的吗？"

"这是因为历史本身就是综合的、多样的，如果只采用某一种理论和方法就会有局限性，让你看不到历史的整体面貌，你看到的只是历史事件的某一个点和某一方面而已。就像传统的历史，他们写的多是帝王的事迹，从这样的历史中你能看到当时下层人民的生活吗？你能了解那时的社会到底是什么样的吗？"费弗尔导师问道。

"眼镜兄"紧接着说："是的，其实跨学科研究不仅历史学需要，其他学科也需要，如果我们只用某一种学科的研究方法，就会产生偏见，想要全面认识一个问题还是需要跨学科去研究。因为不仅每一个事件的原因、过程和结果不可分割，而且事件的每一方面都是相互联系的。比如，要研究我国的第二次鸦片战争，那么对于太平天国还有洋务运动不能不涉及，因为它们是密切联系在一起的。"

"是的。此外，历史是在场所和空间建立的，所以地理对历史肯定会产生影响，如果我们忽视空间的重要性，就无法研究历史。"费弗尔导师说道。

"比如，不同的国家气候不同，有的非常热，有的非常冷，有的气候适宜，这些不同的地理环境会导致当地人的精神和心理有自己不同的特点。"

一名同学笑道："导师您这个说得太对了，比如我们国家的东北人就很豪爽，南方人就很精明，还有四川人喜欢吃辣，并且现在还有研究发现，不同地区的人，他们得的病都会不同。"

费弗尔导师点点头，道："还有，我认为经济学跟历史学的关系是十分密切的，在历史的发展过程中经济占有十分重要的作用，可以说经济是促进社会发展和文化进步的主动力，所以我们要重视经济学在历史研究中的重要作用。当然还有其他的学科，比如人口学、社会学、心理学、人类学等，它们对历史学来说一样重要。"

顿了顿，费弗尔导师接着说："历史学的跨学科研究，是指在研究具体的历史对象时，有意识地吸收或借用其他学科的知识、理论和方法来拓展思路，开阔视野，深化理解，促进历史重构，让历史阐释得更加深入。"

"导师，那历史跨学科研究的对象只是传统的历史吗？"一名同学问道。

"除了传统历史叙述的对象，当然也可以是一些新开拓的领域，还可以是目前历史学还未涉及但是其他学科已经有所建树的领域。"费弗尔导师道。

"同学们，历史学不仅要重构历史，还要阐明历史；历史学不仅要叙述历史，还要揭开历史演变的规律。这样深层的历史需要深入研究才行，这需要历史学同各学科相互结合起来，跨学科研究才行。"

"导师，现在的社会跟您所在的时代相比，已经发生了巨大的变化。现在超越民族和地区界限的全球史观已经成为一种趋势，有不少历史学家开始采用全球观点来研究、分析和叙述世界史。他们认为只有运用全球化的观点，才能了解各民族在不同时代中的相互影响，以及这种影响对人类历史进程所起的作用。"

"这是这么多年来我听到的最好消息。"费弗尔导师开心道。

"同学们，你们要谨记，历史研究如果不与其他学科相联系就会陷入危机。历史是一片海洋，它不断地向远方延伸，其深度也比表面上看到的要深得多，所以历史学必须要有更广阔的空间、更复杂的内容和更多变的结构。你们如果想从事历史研究，一定要有宽广的胸怀和整体意识。除此之外，你们的知识结构还要合理，当然还必须有钻研的精神。"

费弗尔导师有点不好意思地说："一不小心又说多了，不过我希望你们在历史的研究实践中能形成自己的研究方法和研究风格，最后形成自己的知识构架，将这门学科发扬光大。为了让你们更深刻地了解年鉴学派，我们来讲一讲其学术特色吧。"

第四节　年鉴学派的学术特色

"从古至今，产生了很多的学派，每一个学派都为人类思想的发展做出了重要贡献，每一个学派的形成和发展既是学术进步的重要表现，也是学术创新的重要支撑。正是因为不同学派的此起彼落，最终描绘出蔚为壮观的人类学术思想史。"费弗尔导师道。

"在这壮观的人类学术思想史中，年鉴学派也很荣幸地拥有一席之地。可能有人认为，我们不过是以《经济与社会史年鉴》杂志为阵地而进行的一个'新史学运动'而已，根本就构不成一个学派，但是大多数学者还是将我们这些历史学家称为年鉴学派的学者。"费弗尔导师笑着说。

"既然如此，那我就跟大家讲讲我们年鉴学派的几个学术特色。"太阳晒得有点热，费弗尔导师向树荫下挪了挪，说道。

"首先，就是'存疑'的历史观，具体来说就是历史事实并不等于已知的条件，这些历史事件不过是历史学家从史料出发构建出来的。"（如图7-5所示）

"导师，这是什么意思？"李彤有些不解地问道。

费弗尔导师解释道："这样说吧，假如传统史学家从某个基本事实出发，通过一系列的分析、推理、对比等方法，最后得出了一个结论，我们年鉴学派首先会对这个结论和其所陈述的事实持怀疑态度，然后进行仔细考察梳理，分辨其真伪。"

"存疑"的历史观

"哦，导师您说的就跟我们中国有段时间的'疑古学派'一样，因为他们的存在还催生了中国考古学的发展。"李彤恍然大悟道。

"看来这也是我们的同道中人。"费弗尔导师笑道，"其次，我们年鉴学派提倡与其他社会科学学科联合起来，共同推动历史研究的发展。我们年鉴学派不单会运用历史学的理论和方法，还会运用

年鉴学派　　　　其他社会科学学科

提倡跟其他学科联合起来

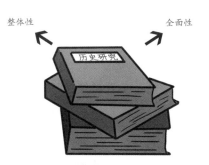

整体性　　　　　　全面性

历史研究

重视历史研究的全面性和整体性

图 7-5　年鉴学派的几个学术特色

其他学科的理论和方法来解决历史研究中遇到的问题，我们被称为跨学科史学学派。"

费弗尔导师接着说："最后，我们年鉴学派非常重视历史研究的全面性和整体性。我们认为历史是不可分割的，如果只用某一学科的研究方法，将导致对历史认识的偏差。"

"所以，导师您的历史作品经常会涉及语言学、地理学、人口统计学、经济学等其他学科。比如在《16世纪的不信教问题：拉伯雷的宗教》一书中，您对于拉伯雷不信教问题深表怀疑，运用了多种方法去研究。您考察了拉伯雷同时代的人，通过他们对拉伯雷的言论，您提出一个发人深省的问题，那就是当时人们谈论拉伯雷所用的言辞，跟我们今天所理解的是不是一样的意思呢？""眼镜兄"继续道。

"带着这样的疑问，您把当时对拉伯雷评价最多的言论筛选出来，最后发现真正指责拉伯雷无神论者的文章只是几篇短文，并且作者还用了上帝的名义，内心却向古罗马无神论者卢奇安祈祷。于是您判断，当时那些人所说的'无神论者'应该只具有模糊的含义，他们自己也不清楚这个词的具体含义，所以不能用现代化的、精确化的含义去理解当时人的思想。后来，您又从当时普通民众的心态出发，从总体史视野出发，向更广阔的社会领域深入分析，最后您得出结论……"

费弗尔导师抢道："我得出的结论就是：16世纪根本就是一个无法摆脱宗教信仰的时代，在那个时代根本就不可能产生无神论思想，因为那时根本就不具备无神论产生的社会生活基础和心态条件。"

"还是不说我的作品了，我们来总结一下年鉴学派的主张吧！"费弗尔导师说道。

"导师，年鉴学派否定了政治史在历史研究中的统治地位，提倡把历史研究的重点放到经济方面，从而拓宽了历史学的研究范围。"一名同学道。

又一名同学说："年鉴学派提倡历史学要跨学科研究，提倡运用历史学以外的方法进行历史研究，比如社会学方法、心理学方法、计量方法、比较方法等，这种改革让历史学研究取得很多突出的成就。"

另一名同学道："因为提倡跨学科研究，让史料的范围扩大很多，并且还呈现出多元化趋势，让历史研究的史料除了文献以外，还增加了各种图形材料、考古发掘成果、口述史料、一些统计数据，还有价格曲线，甚至照片、电影、化石、工具等。"

"哈哈，你们回答得很全面，我就不再补充了。"费弗尔导师开心道，"那我们年鉴学派的发展阶段，你们知道吗？"

"眼镜兄"抢答道："知道。年鉴学派主要经历了三个阶段，导师您和布洛赫是第一阶段（1929—1945年），这一阶段提倡历史的总体是人类社会，是组织起来的人类群体，提倡历史研究应该以人类群体作为研究对象，还提倡历史的整体研究及跨学科的综合研究。"

"眼镜兄"继续道："导师，在您之后就是第二阶段（1946—1968年），第二次世界大战以后，年鉴学派也发展到第二阶段，这一标志就是将《经济与社会史年鉴》改为《经济、社会与文化年鉴》，这一时期的代表人物是费弗尔南·布罗代尔，他提出了长时间段理论。"

"长时间段理论？说来听听。"费弗尔导师饶有兴趣地说。

"眼镜妹"抢着回答道："布罗代尔认为历史学之所以跟其他社会科学不同，主要体现在时间的概念上，他认为历史时间也

133

应该有短时段、中时段和长时段。短时段，就是事件或政治事件，主要是历史上的突发现象，比如革命、战争、地震等；中时段，也叫局势或社会事件，就是在一定时期内发生变化形成的现象，比如人口的消失、物价的升降等；长时段也叫结构或自然时间，主要指历史在几个世纪都长期不变或变化缓慢的现象，比如地理气候、生态环境、思想传统等。"

喘了一口气，"眼镜妹"接着说："布罗代尔认为短时段只构成了历史的表面层次，对整个历史进程影响很小。中时段对历史进程有着重要作用，但是只有长时段才构成了历史的深层结构，对历史进程起着决定性和根本性作用。这一理论的提出，延伸了历史研究的范畴，将历史学的视野拓展得更宽。"

"哦，原来是这样的理论，不错！"费弗尔导师边点头边说道，"谁能告诉我第三阶段是什么？"

"1968年，布罗代尔辞去年鉴杂志主编之职后，由史学家雅克·勒高夫和勒瓦·拉杜接管，这标志着年鉴学派进入第三阶段。这一阶段，历史学家否认历史事件之间的任何联系，认为时间的间断性是决定一切的因素，他们主要研究一些孤立的现象。这一阶段他们不再排斥政治史、人物研究，不过他们仍然倡导总体史，倡导跨学科合作。"

"还好，虽然改变很多，但总算还有所保留。"费弗尔导师笑道，"同学们，根据历史规律，没有一种历史研究方法会适合所有的时代，每个时代都有自己的历史，都有自己的需求，你们要根据自己的时代创建适合你们的方法。"

第八章
司马迁导师讲
《史记》

本章通过 4 个小节介绍了伟大史学家司马迁面对各种问题的选择，以及他的坚持，还有他的治史观念。他会告诉我们怎样才能写出像《史记》那样优秀的纪传体史书。

司马迁

（公元前 145 或公元前 135—不可考），字子长，夏阳（今陕西韩城南）人，中国西汉史学家、散文家，因著中国第一部纪传体通史《史记》被后世尊称为史迁、太史公、历史之父。

年少时，司马迁跟着孔安国、董仲舒学习，后漫游各地，了解风俗，采集传闻。元封三年（前108）任太史令，继承父业，著述历史。他创作了中国第一部纪传体通史《史记》（原名《太史公书》），记载了长达 3000 多年的历史，是"二十五史"之首，被公认为中国史书的典范。

第一节　一个史学家的坚持

这个礼拜因为没什么大事，李彤过得逍遥自在，周五晚上还跟朋友一起去看了《烈火英雄》。当看到马卫国他们明知血肉之躯挡不住熊熊大火，却还在傻傻坚持时，李彤有些动容，感动的同时又为他们的坚持痛惜。

那天晚上，李彤对马卫国的坚持想了很久，很晚才睡着，第二天闹钟响她都没听见，结果上课迟到了。当她气喘吁吁赶到教室时，同学们都已经戴上头盔了，李彤赶紧戴上头盔，发现自己置身于一间满是帛书和竹简的屋子，屋子中间站着一位穿汉服的年青男子，他的头发用头巾包着。

汉服、史学家，当李彤将这两者结合在一起的时候，很快就猜出这个人是司马迁，虽然自己对历史不感兴趣，但还是知道司马迁的。

那男子对李彤微微点头，继续道："天汉二年（前99），汉武帝派自己的宠姬李夫人的兄长李广利率三万骑兵去攻打匈奴，结果打了败仗，几乎全军覆没，李广利逃了回来。当时李广的孙子李陵，带领五千步兵深入敌后跟匈奴作战，遭到匈奴三万大军的围困，后来因为手下士兵叛变，将内部军情告知单于，导致李陵被俘。消息传来，汉武帝暴怒，朝堂之上文武大臣纷纷谴责李陵不该贪生怕死，向匈奴投降。这时汉武帝问我这个太史令有什么意见。"

听到这里，李彤百分之百肯定这人就是司马迁无疑了，对于司马迁的最终选择，大家都知道。因为这个选择让他遭受宫刑，最后忍辱负重写下流传千古的《史记》。

"导师，在您的顶头上司暴怒、大家都不敢反驳的情况下，您为什么要替李陵说话呢？您和李陵又没什么关系。""眼镜妹"问道。

"因为我只说实话，只说我自己心里的话。李陵在国家危难的时候，不顾个人生死挺身而出，这已经是英雄之举了；虽然打了败仗，但他以区区五千人对抗匈奴三万大军，并且还能杀敌近万，已经很了不起了；虽然他最后投降了，但我相信那也是权宜之策，以后他一定还会想办法回来的。"司马迁导师慷慨激昂地说。

"导师，您知道李陵最后的确投降了吧。面对这样的结果，您对当初的选择后悔吗？""眼镜妹"追问。

"我坚持自己当初的想法，我觉得自己那时对李陵的看法是正确的，只是后来因为种种原因才导致李陵没有回来。"司马迁导师遗憾地说。（如图 8-1 所示）

图 8-1　司马迁的答案

"导师，就因为您说出了自己真实的看法，才导致您的牢狱之灾，真的好可惜！如果当初您能审时度势，把自己的真实想法隐藏起来，可能就不会有这样的灾难了。"一名同学惋惜地说。

"但是，如果导师这次因为害怕不敢说出自己的真实想法，那么以后肯定还会因为各种各样的顾虑而不敢坚持原则，那我们可能也看不到如今这样的《史记》了。"另一名同学反驳道。

听到这里，李彤对电影中马卫国的坚持又有了新的理解，虽然他的做法当时看起来徒劳无益，但那是作为一个消防员的坚持，无论什么时候，永不放弃。"每个人都有自己的坚持，"李彤想，"那么我的坚持又是什么呢？"

正当李彤思绪纷飞时，只听"眼镜兄"说道："导师，您被入狱后受到严刑拷打，但您并没有改变自己的看法，后来汉武帝听信传言说李陵替匈奴练兵，于是就将李陵全家都杀了，也判您以死刑。根据汉朝的刑法，有两种减免刑罚的办法：一个是拿五十万钱赎罪；另一个是受宫刑。否则就是死。您知道自己家根本拿不出那么多钱，这时您的选择就变成了到底是屈辱地活着，还是痛快地死去。当时受宫刑被视为对祖先的大不孝，不仅活着受世人唾弃，死了还不能入祖坟，这对士大夫简直就是奇耻大辱，您为什么选择了宫刑？"

"我不怕死，之前我也想就这样死去，以保全我的名节，在当时这是我最好的结局。但是，在我决定去死的时候，我想到了父亲穷尽一生也没完成的遗愿，想到了文王拘于囚室还在推演《周易》，想到了仲尼在困境中著《春秋》，想到了屈原被放逐后才写出《离骚》，想到了孙膑遭受膑脚之刑后才开始修兵法。"司马迁导师缓缓道。

"人固有一死，或重于泰山，或轻于鸿毛。我觉得如果我就这样慕义而死，虽然名节保住了，但是我的书没完成，还没有立功名于天下，这样的死就像九牛亡一毛，与蝼蚁之死又有什么区别？所以我决定还是忍辱负重地活着吧，或许还能有机会完成父亲的遗愿。"

"导师，您说得对，死也要死得其所，死得有意义。人的生命只有一次，所以我们要给这个世界留下点什么，以此来证明这个世界我们曾经来过。"一名同学道。

"还好，导师您后来终于等到了汉武帝改年号大赦天下，您得以出狱，并且被任命为中书令，类似于皇帝后宫的秘书长，皇帝身边的近臣。看起来，汉武帝对您好像不计前嫌，还委以重任，实际上这是对您人格的极大侮辱。"一名同学深表同情地述说着。

"在狱中我已经想清楚自己活着的目的是什么，能有机会出来实现我的理想，我已经很庆幸了，对于他们所谓的'羞辱'，我没有过多精力去想了，我只想快点把书写完。"司马迁导师道。

"其实，经历那些磨难以后，我对汉武帝、汉王朝有了新的认识，对于撰史我也有了新的考虑。原来我想为汉武帝歌功颂德，但是经过这些事情之后，我想究天下之际，通古今之变，成一家之言。"

"导师，您能给我们讲讲怎样才能炼成'一家之言'吗？""眼镜妹"急迫地问道。

第二节 一家之言是怎样炼成的？

司马迁导师看着满屋的书，眼中是那样不舍，他有些伤感地说："这些书是我的祖辈留下的，我们司马一族世代都是史官，一出生我的未来就已经被决定了。我未来的责任就是记载帝王圣贤的言行，对于天下的遗文古事进行搜集整理，当然还要对一些人和事发表自己的看法，以供君王借鉴。为了能做好这些，父亲在我很小的时候就教我读书习字，十岁我就能朗诵《尚书》《左传》《论语》等书，来到长安后，我又向老博士伏生、大儒孔安国等学习。"

"我父亲在整理过往历史时，萌生了要撰写一部宏伟史书的想法。从他做太史令开始，就不断搜集史料，为修史做准备。"司马迁导师抚摸着身旁的一册竹简，说道，"可惜他年事已高，想要独立完成一部史著已经没有可能，于是他就将这愿望寄托在我的身上，希望我能挑起这个重担。"

"导师，您父亲对您真是用心良苦。他在您学有所成读万卷书后，又让您行万里路去实地考察，去亲自体验书中的道理，并让您了解各地的风土人情。"一名同学说道。

司马迁导师道："是的，我从长安出发，出武关至宛，南下襄樊到江陵，去了湘西德夯，又折向九嶷山，然后北上长沙，途经很多名山大川，历时两年多才回到长安。"（如图8-2所示）

图 8-2 司马迁的"读万卷书，行万里路"

"导师，您觉得这次游历对您有作用吗？"一名同学问道。

"非常有用。"司马迁导师道，"当年我来到汨罗江畔，在屈原投江的地方大声背诵屈原的诗，那时候的感觉跟之前在家读诗的感觉完全不同，我情不自禁地痛哭起来，突然体会到了屈原的那种悲愤之情。"

"所以，导师您的《屈原列传》才写得那样感人肺腑。"一名同学感叹道。

另一名同学问道："导师，听说您还去了韩信的故乡淮阴，从那里得到很多有关韩信的故事，还问当地人韩信为什么能受胯下之辱而不发怒？"

"是的，写史首先要保证材料的真实可信，对于不太确定的史料我都会考证，有机会到当地考察，我当然不放过了。我从当地人的口中知道韩信的个子其实挺高的，当年从流氓胯下爬过去的时候，完全可以一刀把他杀了，但是韩信忍住了。从韩信身上我明白了小不忍则乱大谋，如果当初韩信一刀将流氓杀了，怎么还有机会跟随刘邦建功立业？当年在牢狱之中，韩信的故事给了我很大的激励。"司马迁导师说道。

"导师，听说您当年还去瞻仰了孔子的墓，并且跟当地的儒生在一起学骑马射箭，行古礼，以此来表达自己对孔子的深切怀恋？"另一名同学问道。

"对孔子我一直都是高山仰止，难以企及，我不过是学了点他的皮毛而已。"司马迁谦虚道。

"我还去了孟尝君的故乡——薛城，在那里我走走停停，一路考察当地的民风，想看看这个地方的民风跟当年孟尝君好客是不是有关系。"

"导师，您这才是真正的'行万里路'啊。我们所谓的旅游基本就是看看风景，吃吃美食，然后跟名人古迹合合影，难怪我们一趟下来除了累什么也没学到。"李彤感慨道。

"你们出去游历的目的是放松、休息，而我出去游历的目的是获得和核实史料，我们的目的不同，所获当然也会不同了。"司马迁导师微笑道。

"在这次游历中，我一路走，一路考察，寻访了很多了解历史的人，也搜集到很多存留于民间人们口口相传的故事，获得了不少在古籍中无法找到的珍贵史料。这些一手材料保证了我写史的真实性和科学性。在民间搜集材料过程中，我接触到很多群众，了解到他们的生活，我对这个社会，对这个时代，对人生又有了新的认识。所以，我建议你们也多出去走走，多看看，多深入当地的生活，不要走马观花。"

"导师，估计我们出去也不可能有像您那么多的收获，因为我们在游历之前根本没有'读万卷书'，我们去了名人的故居也没什么感慨。"一名胖胖的男生感慨道。

"那就先多读些书，这个是首要条件。因为你们现在的书籍太多了，而一个人的时间是有限的，所以我建议你们挑好的书、优秀的书去读。"司马迁导师道。

"我在元封三年（前108年）正式做了太史令，这个职位最大的好处就是可以阅览汉朝宫廷所藏的图书、档案以及各种史料。在这段时间我一边整理史料，一边参加《太初历》的修改。太初元年（前104年）《太初历》完成后，我就开始着手编写《史记》。"

司马迁导师接着道："在编写史书的过程中，我在想我们为什么要学习历史并记住历史上的经验教训？历史发展的法则又是什么？在历史中个人应当有什么作为？"（如图8-3所示）

"导师，您当时的问题直到现在还在困扰着我们。"一名同学道，"比如说，我们为什么要学习历史？对于历史和现实的关系我们应该怎样对待？"

司马迁导师有些意外地说："没想到你们现代人的思想，也有跟我这个古代人相通的地方。对于这些问题，我当时在《史记·高祖功臣侯者年表·序》写下过自己思索的答案。"

历史学家说：
居今之世，志古之道，所以自镜也，未必尽同。帝王者各殊礼而异务，要以成功为统纪，岂可绳乎？

图8-3　我们要怎样学习历史

好久没说话的"眼镜兄"抢着说："我知道，导师，您的回答是'居今之世，志古之道，所以自镜也，未必尽同。帝王者各殊礼而异务，要以成功为统纪，岂可绳乎？'您告诉我们之所以要了解历史，是要把历史作为现实的一面镜子加以对照、借鉴。并且您还告诉我们以往的各种制度、政策虽不同，但都要以达到治理国家为目的。您觉得那些拒绝历史经验的人是愚昧的；同样，那些生搬硬套历史经验的人，也是愚蠢的。"

司马迁导师点点头，问道："那么，人类社会的发展到底有规律吗？如果有，我们掌握这种规律又有什么意义呢？"

"导师，您是故意考我们的吧？"一名同学问道。

司马迁导师点点头却没说话，于是那位同学答道："您在《史记·货殖列传·序》中说'故待农而食之，虞而出之，工而成之，商而通之'。导师，您讲到这类经济现象时还说'事变多故而亦反是。是以物盛则衰，时极而转，一质一文，终始之变也'。您总结的规律就是事物发展到极盛时期也是转向衰落之时，这主要是因为各种事物之间的相互作用、冲突造成的。您觉得人如果掌握了这个规律，那么就能对过往的历史有个比较正确的看法，并且对现实的历史和未来的历史前景有个比较清晰的认识。"

"这也是我写历史的原因之一吧，希望能对你们的现在和未来有所帮助。我们知道所有的历史都是由人的活动组成的，那么，我们一个个鲜活的人，在历史活动中到底扮演什么样的角色？换句话说，我们的人生价值是什么呢？"

第三节　一个人的人生价值

"导师，您的问题好难回答。我一直到现在都没找到自己存在的价值。如我这样普通的大众，在社会中到底扮演什么样的角色？至于在历史中的价值，我觉得应该不值一提吧。"一名同学苦涩地说。

"同学们，每个人都有存在的价值，每个人都追求自己的目的，也在创造属于自己的历史，正是无数个人的共同活动才创造了整个社会的历史。"司马迁导师铿锵有力地说。

"我不以成败论英雄，不以职业论成就。对那些普通的百姓，只要他能超越社会关系的束缚，在历史中一展风采，我都对他们大加赞赏。我对人价值的评价主要在于个人的努力程度和突破社会定位的层次。"

"眼镜兄"感叹道："像导师这样的人现在太少了。我们现在的社会大多是以挣钱多少论成败，以职位高低论英雄，感觉我们现在除了追求财富与地位以外就没有别的追求了。但是，我常常想，我们到底该如何度过这短暂的一生？到底应该给后世之人留下些什么呢？"

司马迁导师点点头，说："其实你说的这种现象自古就有，是人就有私心，这是无法避免的。但是，如果换一个角度来看，追求财富和地位也不是什么坏事，只要你能克服自己的私欲，善用手中的钱和地位去做一些有意义的事，这也挺好，因为有些事如果无钱无权还真的做不了，不是吗？"

这句话一下点醒了李彤，她之前一直对那些想方设法挣钱和努力往上爬的人很有偏见，觉得他们就是一帮唯利是图的"小人"。听了司马迁导师的话，李彤心想如果自己有钱有权，那么再发表自己的观点和见解时就不会考虑这样写会不会影响自己的奖金，提出这样的观点会不会被主编毙掉，那时就可以畅所欲言了。看来，要重新审视自己的人生规划了。

司马迁导师接着说："父亲在临终时嘱托我说'为太史，无忘吾所欲论著矣。且夫孝，始于事亲，中于事君，终于立身。扬名于后世，以显父母，此孝之大者也'。父亲想让我青史留名，光宗耀祖，所以我的人生目标就是要立名于世，哪怕早晨刚闻名于世，晚上就死去，我都认为这一生值了。"

"导师，您的目标达成了，您知道后世之人对您的评价是极高的，他们说'文章西汉两司马，经济南阳一卧龙'，这说明您与司马相如、诸葛亮齐名。"一同学说道。

"那我也算瞑目了，之前所受的一切屈辱都是值得的。"司马迁导师道。

"同学们，人的一生不可能一帆风顺，困难和挫折随时都可能出现。像我生活在一个喜怒无常的专制帝王和奸佞之徒横行的时代，在这样黑白不分、是非颠倒的荒唐社会，想要实现个人的人生价值实在是太难了。但这是大的潮流，我无法反抗，只能被动接受。为了实现自己的人生价值，我只能隐忍苟活，发奋著书立说。"清清嗓子，司马迁导师悲愤地说。

"在这里，我想对你们说，无论遇到什么困难，无论遭受多少灾难，你们都不要气馁，应该像我一样努力活着，努力实现自己的人生价值。敢于面对死亡的人，固然是勇敢的，但人不能轻率地死，因为人死不能复生，要死也要看死得是否有价值。"（如图 8-4 所示）

屈原跳江

荆轲刺秦王

项羽江边自刎

图 8-4　什么才是有价值的死

司马迁导师的一番话，让同学们沉思起来。

一同学问道："导师，什么才是有价值的死呢？"

司马迁导师答道："古往今来，人都难逃一死，怎样才能死得有价值呢？孟子曾说过'生，亦我所欲也；义，亦我所欲也。二者不可得兼，舍生而取义者也'。我很赞同！"

"导师，您在《史记》中歌颂了很多舍生取义的勇士，比如屈原、田光、荆轲、项羽、李广等。屈原为国为民的努力虽然失败了，但是他用死来表达自己对人格准则的坚持；荆轲虽然明知自己这一去难逃一死，但他依然慷慨前行，这种坦然赴死的态度让人为之动容；还有那些游侠，您对他们'其言必信，其行必果，已诺必诚，不爱其躯，赴士之厄困'的侠义精神给予高度赞扬。""眼镜妹"说道。

司马迁导师道："是的，他们为了国家和民族舍生取义的做法，我是很钦佩的。但是死亡有的重于泰山，有的轻于鸿毛，对于那些没有价值的牺牲，我是反对的。比如伍子胥，当面对生死考验时，他想的是怎样让生命获得最大的价值，在有些人眼中，伍子胥就是不忠不孝之徒，但是我觉得隐忍成就一番功名，最后还报了自己的杀父之仇，这就是勇敢聪明的人。"

"导师，您觉得舍生取义和忍辱负重的生死观是一致的吗？"一名同学问道。

司马迁导师道："对于生命，我们当然要珍视，但不可苟全性命；我们可以慷慨赴死，但不能随意放弃。我想生命的意义就在于人生价值的实现。舍生取义和忍辱负重都是为了自身价值的实现，都值得称赞。我以为选择生还是选择死，主要看自己的人生价值观。"

"导师，您从小就饱读诗书，还跟从名师学习，又到各地游历，最后为了《史记》忍辱负重，可以说您的一生都是为《史记》而活着，您觉得值得吗？"

"你们觉得这样的一生值得吗？"司马迁导师反问道。

"我觉得挺值，如果我也有一部作品能流传千古，我愿意忍受各种痛苦。"一名同学回答道。

另一名同学坏笑道："那从今以后，你不能用手机，不能用网络，除了吃饭睡觉你只能看书学习，坚持几十年，你肯定也能写出一部巨作。"

那位同学脸上的笑容消失了，他沮丧地说："看来我是没有希望了！"

"每个时代都有自己的学习方式，我当时是因为没有这些先进的工具，所以只能依靠看书、游历增加知识。你们现在完全可以利用网络的优势去增加自己的知识。前面我们还说过不能生搬硬套历史经验，难道你们已经忘记了吗？"司马迁导师笑道。

"同学们，你们现在生活在这样一个好的时代，只要你们能坚持自己的理想，不断努力奋斗，一定会实现自己的人生价值。"停顿了一下，司马迁导师又补充道，"如果你们当中有人也想从事史书写作，我可以跟你们聊聊我写史书的一些心得体会。"

第四节　怎么写好纪传体？

听到司马迁导师这么说，同学们激动得就像沸腾的水一样：那可是公认的史书大家，如果能得到他的亲自指点，即便只学其一二，也受益颇多啊。于是大家赶紧收敛心神，聚精会神地听起来，生怕漏掉一个字。

一名同学忍不住问道："导师，您开创了我国纪传体史书的先河，要知道在您之前我国的史书采用的都是编年纪事体，比如《春秋》《左传》等，听说您对《春秋》是极其推崇的，为什么您没有采用编年体方式，而是创造性地采用了以人物为主体的编纂形式呢？"

听到这个问题，大家赶紧竖起耳朵聆听，因为大家想创新而不得其法，极想从导师这里汲取灵感。

看到大家期待的眼神，司马迁导师笑道："这跟时代有关。孔子生活在诸侯纷争、社会动荡不安的时代，他创作《春秋》是为了传道救世，他想通过褒贬历史扬善抑恶，劝诫世人；但我生活在西汉的鼎盛时期，社会安定，国家富强，我是太史公，我是为了记故事、存文献而写史，我的目的是通过历史实现我的'究天人之际，通古今之变，成一家之言'的抱负。"

"对啊，想要成一家之言，在写史模式上必须要有所创新啊。"李彤说道。

另一名同学道："所以，导师您没有像以往史学家那样根据年代平铺直叙，也没有像《春秋》那样做哲理化的剪裁，而是新创了一种纪传体例？"

司马迁导师点点头，道："选择这种纪传体，还跟我所写的内容有关。我认为人类社会历史的主体是人，不是神或者道，所以我要以这活生生的人为对象，记叙他们、评价他们。通过对他们的记载，来说明人类社会发展变化的规律，来揭示历史兴亡的规律。"

"所以，导师您将《史记》写成了以人物为中心的纪传体。"

一名同学总结道。

"传记是为真人立传的，要求所记之人和事都必须是真实可信的。作为太史公，我有便利的条件去网罗天下旧史和文献资料，并且年轻时游历各地，我搜集了不少事迹资料、人物传说。"司马迁导师道。

一名同学称赞道："导师，我们知道您撰写《史记》是非常严谨认真的，对里面的每个人物和事件，都进行了大量的调查研究，并对史实进行了反复核对，有的还去实地考察，您这种求真的精神值得我们学习。历史学家班固曾经评价道：'其文直，其事核，不虚美，不隐恶，故谓之实录。'"

听到后世对自己的赞扬，司马迁导师脸上的笑容更灿烂了。

一名同学问道："导师，在您那个时代要坚持'实录'，应该是有一定难度的吧？您会因为忌讳而改造自己笔下的人物吗？"

"难度肯定是有的，但是我在给人物作传时，没有按传统历史记载的规矩去写，我是按自己对历史事实的思想感情去记录的。我写尽了当时社会的各个阶层，各个领域。我既写到了天子、诸侯对国家和社会历史所产生的影响，也写了那些对历史发展起到重要作用的英雄，还写了游侠、日者、医生、刺客等；对于屠夫、佣户、守门人等，我对他们的聪明才智也给予了肯定。"司马迁导师道。

"虽然小人物在历史发展中不是主角，但正是他们才构成了当前的历史，我觉得历史应该给他们一个公正的评价。"

"导师，《史记》中的每一个人物都栩栩如生，您是怎样做到的呢？""眼镜妹"问道。

"这个可以从几点去说明。"司马迁导师道。（如图8-5所示）

精心选材和裁剪　　　　　　　　表现典型的性格特点

描写生活细节　　　　　　　　　注重细节

我父就是你父，
要杀，分我一杯羹吧！

刘邦

人物的语言要符合其身份

图 8-5　让人物丰满的几种写法

　　"第一，在保持历史真实的原则下，我进行了精心选材和裁剪。人物传记不必什么事都写进去，就像张良，他跟刘邦谈了天下的很多事，但是跟天下存亡没有关系的话就没有写入他的传记中，这主要是为了凸显张良'运筹帷幄之中，决胜千里之外'的性格特征。像项羽，他一生可写的事情很多，一部传记不可能将它们一一记下，我只取他性格中最突出的特征，然后重点描写。"

司马迁导师接着说："第二，描写人物时，让他们在典型环境中表现出典型的性格特点。"

"导师，您的《项羽本纪》最能体现这个观点。比如，项羽的骁勇善战，您说他'力能扛鼎'，对于他的英勇善战您描写了很多次，无论是白刃格斗，还是千军万马的战场，他都所向披靡。""眼镜妹"说道。

司马迁导师向"眼镜妹"投去赞赏的目光，接着道："第三，在描写人物时，除了对他们在重大历史事件中的表现进行描写，还要对他们在生活细节中表现出的个性特征进行刻画，只有将它们有机结合在一起，才能让人物形象丰满起来。"

"导师，您那篇《管晏列传》让我印象很深。"一名同学说，"管仲和晏婴都是齐国有名的政治家，他们有很多相同之处，但是您却从不同的角度，比如对管仲采用粗线条的概述，对晏婴则是通过典型事例去描写；您还通过不同的手法，比如管仲您从他的一生着手，而晏婴您却是从几个方面进行了具体描述。通过这样有区别的手法，您将他们各自的个性特征表现了出来。"

"是的，通过不同的方法将同一类人区别开来。"司马迁导师道，"第四，写纪传体一定要注意通过细节去刻画人物，通过这些细节描写让人揣摩出人物的思想脉络。细节描写能让人物有血有肉，读起来如闻其声，如见其人。比如写李广的故事，我写道：广出猎，见草中石，以为虎而射之，中石没镞，视之石也。这句话既说明李广善射，又为他以后在危急时刻一箭解围埋下伏笔。"

　　"还有第五点，就是写纪传体的时候，要先想好你笔下的人物是什么性格，然后用符合他们身份的口吻去说。"司马迁导师道。

　　一名同学问道："导师，您对笔下的人物表达了自己强烈的爱憎，这样的历史观是正确的吗？"

　　"是的，我在写历史人物的时候，融入了自己的感情，可能会有所偏颇，但是我在写的时候还是尽量做到了客观公正。我写史既不为晋升，也不为自己的地位，所以我不用顾及所谓的'史不论今'，将自己的看法融入客观事实叙述之中，来表达自己对那些历史人物尤其是当时那些大人物的爱憎态度。"司马迁导师回答道。

　　"导师，您是一位有态度的历史学家，您的《史记》也是一部有态度的历史。我觉得我们现在的时代还是需要您这样有态度的历史学家。"一名同学道。

　　司马迁导师微笑道："我已经是过去时了，现在的历史是属于你们的，至于怎么书写，还要看你们。"

第九章
卡莱尔导师讲
"英雄史观"

　　本章通过4个小节主要介绍了19世纪英国著名浪漫主义大师托马斯·卡莱尔的英雄史观，以及他的浪漫主义历史写法。卡莱尔将英雄分为六大类，提出英雄的本质特征是真诚，世界历史就是英雄的历史。

托马斯·卡莱尔

　　（Thomas Carlyle，1795年12月4日—1881年2月5日），19世纪英国著名历史学家、哲学家、评论家、讽刺作家，曾任爱丁堡大学校长。

　　卡莱尔出生于苏格兰一个农民家庭，他从小就智力超群，并且一直勤奋努力，后来从事写作。他文笔优美，著作种类很多，涉及散文、评论、历史、社会批评等，主要著作有《法国大革命》《论英雄、英雄崇拜和历史上的英雄事迹》《腓特烈大帝传》等。他的著作曾经风靡大西洋西岸，引起学术界的广泛讨论，他的笔风被称为"卡莱尔风格"，享誉世界文坛。

第一节　遥望各路英雄

听完司马迁导师的课以后，李彤开始思考自己的人生价值。之前李彤想要的不过是按自己喜欢的方式度过一生，但是跟这么多大师接触之后，她觉得不仅自己的视野变宽了，而且自己的价值观和世界观也在悄然改变。

之前李彤只想做一个比较正直的记者，但是现在她想做一个对社会有用的记者。看起来好像没有多大差别，但是李彤知道自己已经从只关心自我的"小圈子"中走了出来，走进了社会这个"大圈子"。

做了这个决定之后，李彤发现自己的眼界开阔了很多。一次偶然的机会，李彤看到自己刚来报社时写的稿子，发现那时的观点真的就像刘记说的那样——"很幼稚"。

李彤知道，想要成为一名对社会有用的记者不是那么简单，前方肯定会有很多无法预知的困难，但她不会动摇自己的决心，她要向那些英雄人物一样，不达目的誓不罢休。

当再一次来到历史课堂，李彤发现自己在一个教室里，讲台上站着一位头发胡子花白的老人，穿着黑色的衣服，拄着拐杖。他笑眯眯地看着大家，热情洋溢地说："大家好，我是托马斯·卡莱尔，今天我来给大家讲讲我的英雄史观。"

"导师，您是不是说过'全人类对英雄的崇拜，昨天有，今天有，将来也一定会有'？"一名同学激动地问道。

“哈哈，是说过类似这样的话。”卡莱尔笑道，“不过这种英雄崇拜思想并不是从我才开始的，而是自古就有。”

看到大家迷惑的样子，卡莱尔导师解释道：“像古代人把某种凶猛的动物当作自己氏族的图腾加以崇拜，其实就是英雄崇拜的思想萌芽，比如你们中国人自诩龙的传人。”

“不过，后来随着社会的发展，人的力量逐渐加强，于是人们的观念发生了改变，由过去对动物的崇拜，发展到对英雄人物的崇拜。”卡莱尔导师接着说。

“我认为，世界历史归根结底就是在这个世界上耕耘过的英雄们的历史，甚至可以说是他们创造了历史，整个世界的灵魂就是这些英雄。”

“导师，我不同意您的观点。”一名同学很快反驳道。

卡莱尔导师用拐杖敲了敲黑板，道：“我知道肯定会有人不认同我的观点，但是你们先听听我的分析，然后我们再探讨，好吗？”

“我根据这些英雄们的‘职业’，将他们分为六大类型，即神灵、先知、诗人、教士、文人、君王。”卡莱尔导师道，“把英雄当作神灵来崇拜是人类早期最原始的崇拜形式，其代表人物是斯堪的纳维亚神话中的主神沃丁，这是古代北欧人观察宇宙和调节自身的一种方法，虽然粗糙、质朴，却是真诚的信仰；英雄崇拜的第二阶段就是先知，其代言人是伊斯兰教的创始人穆罕默德，这一阶段人们不再把英雄当作神灵，而是将他们当作受神启示的先知加以崇拜。”（如图 9-1 所示）

神灵　　　　　　　　先知　　　　　　　　诗人

教士　　　　　　　　文人　　　　　　　　君王

图 9-1　卡莱尔的六类英雄崇拜

卡莱尔导师问道："为什么那时的人会有这样的崇拜呢？"

"因为那时是没有科学或几乎没有科学的时代，只有在那样的时代，人们才会幻想自己的某个同类是神或先知。"一名同学回答道。

"是的，随着时代的发展，科学的进步，我们的英雄种类也发生了变化。"卡莱尔导师道，"到了近代开始出现诗人、教士、文人、君王。诗人英雄的代言人是但丁、莎士比亚；教士的代言人是路德、诺克斯；文人的代言人则是约翰逊、卢梭、彭斯；君王的代表人物是克伦威尔、拿破仑、腓特烈二世。"

"同学们，为什么他们是英雄，而不是别的什么人是英雄呢？"卡莱尔导师问道，"换句话说，这些英雄是通过什么方式来统治世人的呢？"

一名同学回答道："我觉得诗人英雄能控制人心是通过自然的力量，如果说《神曲》是音乐，那么诗人就是靠弹奏这'乐章'来统治人心的。"

卡莱尔导师点头道："是的。所以说诗人对世人的统治力量比神灵、先知更强大，因为歌德曾经说过'美比善更强大，美包括了善！'"

"导师您的意思是神灵和先知主要从善的方面统治世人，而诗人则从美的方面统治世人，并且美包括了善，但是善却不包括美？"另一名同学问道。

"是的。"卡莱尔导师道，"你们想想，文人又是通过什么来统治世人的？"

"导师，我觉得是著作权。"一名同学道。

"应该还有版权。"另一名同学补充道。

"并且，即便他们死了，著作权和版权还都在。""眼镜妹"补充道。

"说得挺好。"卡莱尔导师称赞道，"最后，君王的'神圣权力'是靠投票箱、议会辩论、选举等形式就获得的吗？"

"导师，他们不就是这样获得的吗？"一名同学诧异道。

卡莱尔导师回答道："当然不是，君王的权力其实是以道德为本质的一种权力。"

"导师，您讲了六种不同类型的英雄，并且分析了他们各自统治世人的方式,那么在您眼中,英雄是神吗？"一名女同学问道。

"你们觉得英雄是神还是人呢？"卡莱尔导师反问道。

"我们现在的科技都这么发达了，怎么还会认为有神的存在呢？"一名同学说道。

"很好，我也认为英雄跟众人一样，也是有血有肉的人，不过他们具有超凡的才能、智慧和道德，是这些让他们变成了英雄。"卡莱尔导师说道。

"我觉得只有极少数人才具有这样超凡的能力，才能洞悉世界的奥秘，并由这极少数的人将这奥秘传授给众人。这些极少数的特殊人，就是受命于天的英雄。"

"导师，您把英雄说得好神奇！您能具体跟我们说说英雄到底是什么样的吗？这样我们才能分辨谁是英雄，谁是狗熊啊。"那名之前提问过的女同学执着地追问道。

第二节　寻找"盖世英雄"

一位男同学取笑道："难道你想通过导师的解说，去寻找你的'盖世英雄'？"

那位女同学羞红了脸，瞪了那位男同学一眼，生气道："你瞎说什么！"

李彤心里乐开了花，那位男同学的话点醒了自己，哈哈，下次别人再问自己喜欢什么样的，就把卡莱尔导师口中的英雄画像丢给他们，省得自己再苦思冥想了。

卡莱尔导师笑问道："你们心中的英雄是什么样的呢？"（如图 9-2 所示）

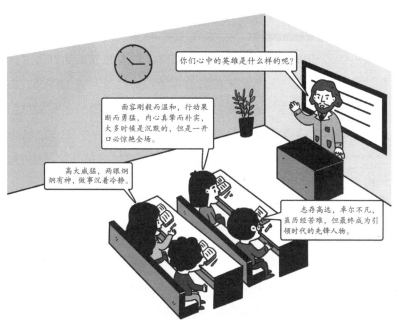

图 9-2 "盖世英雄"的样子

　　"志存高远，卓尔不凡，虽历经苦难，但最终成为引领时代的先锋人物。"

　　"高大威猛，两眼炯炯有神，做事沉着冷静。"

　　"面容刚毅而温和，行动果断而勇猛，内心真挚而朴实，大多时候是沉默的，但一开口必惊艳全场。"

　　卡莱尔导师笑道："你们说的都是英雄的一些特质，能成为英雄肯定在各方面都是优秀的，他们身上往往同时具备政治家、思想家、哲学家的品质，但这些都不是能成为英雄的根本原因，不是英雄的本质。"

"导师，那您觉得英雄的本质是什么？"一名同学问道。

"我认为是真诚，只有真诚这个本质特征才能将各种类型的英雄都包括在内。"看到同学们迷茫的表现，卡莱尔导师只得继续解释道。

"像最初的神灵和先知，他们的身上既有稚童的新鲜感，又有诚挚的深刻性。沃丁承认自然的神圣性，这是真诚的体现，后来先知穆罕默德进一步展现了这种诚实的品质，那些多变的世俗形象其实都包含在真诚的品质之中。"

"眼镜兄"接着说："我记得导师您是这样称赞穆罕默德的：'虽然穆罕默德没受过任何教育……不会写字，但是不影响他的真诚，他从不说假话。'您还说'他只能是一个真诚的人，是大自然指定他成为诚实的人……这种诚实是一种非常真实的神圣的东西'。"

卡莱尔导师点头道："只有具备真诚的品质，才能跟自然界进行交流，才能认识自然的奥秘。真诚是不同类型英雄的首要特征，是他们一切言行的根基。"

"导师，您的真诚到底何解？"一名同学问道。

卡莱尔导师道："真诚就是发自灵魂深处的同情，想要坚持真诚，只要依靠自己全身心的观察和感受就可以做到。被我称为英雄的那些人，无一例外都是真挚、虔诚的楷模，你看，君王英雄克伦威尔多么'粗鲁朴实'，拿破仑有一种比他的教养更好的真诚本能，真诚是英雄诸多品质中最本质的形态。"

一名同学问道："导师，您的意思就是成为英雄的首要条件就是真诚？"

卡莱尔导师道："这是毋庸置疑的。只有具备深刻、伟大、真诚的人，我们才可以称他们为英雄。"

"导师，如果说英雄就是真诚的人，那为何我们不能成为英雄呢？"一名同学问道。

"因为不是天选之人。"卡莱尔导师回答道。

"前面我们说过，真诚是一切英雄的首要特点，但并不是说只要是真诚之人就是英雄，并且我所说的真诚之人是那些认真做事的人。"卡莱尔导师解释道。

"导师，您不知道，现在像您所说的真诚之人几乎绝迹了，很多人都不再踏实做事，大家都戴着面具。哎，这个社会还有救吗？"一名同学问道。

"我非常讨厌虚伪之人，他们就是邪恶的怪物，是世人共同的敌人。如果一个社会成了虚伪、做作的世界，那么这就是一个正在腐败的世界，这时如果没有真诚质朴的英雄降临，带领大家抛却一切形式主义的华丽外衣，那么这个世界将难逃灭亡的厄运！"

"导师，您这个说得有点危言耸听了吧。您当年在'法国大革命'时就曾委婉做出预言，说如果不改良社会，让有才能的英雄带领着渡过难关，那么英国将面临法国大革命期间的革命，在革命的风暴中化为灰烬。但是，您的预言并没有实现。后来，您又对英国做了一次预言，但是英国依然平稳渡过了难关，并且经济还出现繁荣景象，人民生活水平也得到了提高，您又一次预言失败了。""眼镜兄"说道。

卡莱尔导师有些悲伤地说道："当时的情况确实是这样，所以最后我也不再预言了。不过这些事实并没有让我改变自己的判断，我觉得'神圣天意'依然是存在的，如果大家不能主动寻找一位合适的领袖，那么这位受命于天的领袖将会以一副冷酷的面孔出现。"

"导师您说的'冷酷面目'难道是指法西斯吗？导师您知道吗？您的'独裁式的英雄'非常受法西斯分子的喜爱，所以您被人称为法西斯主义思想家。"一名同学道。

"这个也是在所难免。没有谁是完美无缺的，即便是那些英雄，何况我呢？"卡莱尔导师无奈道，"同学们，很多英雄都有这样或那样的缺点，但这并不影响他们成为英雄。"

一名同学笑着说："所以，美女们，当你们遇到没有踏着七彩祥云，却具有真正真诚品质的人时，不要随意放过啊，也许他就是你的'盖世英雄'，能带你一起去创造一部世界历史！"

第三节　世界历史就是英雄的历史？

"一位英雄就能创造一部世界历史？"李彤诧异道。

"在我看来，所谓的世界历史就是人类在这个世界已经完成的历史，归根结底就是那些英雄耕耘过的历史，也就是说世界历史就是英雄的历史。"卡莱尔导师道，"这些英雄是人类的领袖，他们是传奇式的人物，是人类争相效仿的楷模，也可以说他们就是创世主。"

一名同学道："英雄对这个世界的作用非常重要，并且在各个领域做出了重要的贡献，对于英雄的事迹大家也是称赞不已。导师您也在自己的作品中对各路英雄进行了讴歌，对他们的贡献做了充分的肯定。"

"是的，我要赞美一下我认为的那些英雄，赞美他们的名望和功绩。"卡莱尔导师激动地用拐杖敲着黑板道，"我觉得他们就像北极星一样，能穿透云雾，为人类指引方向。"

卡莱尔导师接着说："我觉得英雄崇拜是一个永恒的基石，这个基石是近代革命史上的一个固定点，如果没有这个唯一有生命力的基石，历史将会无根无基。"

"导师，您之前说过英雄崇拜自古就有，并且会一直存在下去，但是我觉得我们现代社会好像已经没有了英雄崇拜，大家崇拜那些有钱人、名人，这样的崇拜是正确的吗？我们时代的英雄到底是谁呢？那些人真的值得我们崇拜吗？我很困惑。"一名同学说道。

"英雄崇拜和人类历史是同在的，只要有人，英雄崇拜就会存在。英雄在各个时代都以不同的形式出现，你不用太过纠结他们存在的形式，只要他们符合英雄的定义那就是英雄，就应该受到崇拜。"卡莱尔导师道。（如图9-3所示）

图 9-3　英雄就应该受到崇拜

"如果你们觉得现在已经没有了英雄崇拜，那么可能是你们已经没有了信仰或者没有了英雄。"卡莱尔导师叹了一口气道，

"要知道,一个没有英雄的时代是必然会走向毁灭的。"

"但是,如果一个不是注定要毁灭的世界开始变得邪恶和困惑时,自然就会迫切地向那些英雄求助,有时甚至通过强制的方式,让英雄带领这个世界渡过灾难。不过当这个英雄堕落,不再是英雄时,世界将再次走向邪恶,这时自然也会迫切地将这些人赶下台,寻找新的英雄。"

"导师,您的意思就是我们这个世界是毁灭还是生存,主要取决于少数的英雄?"一名同学问道。

"是的,我认为世界历史就是英雄的历史。"卡莱尔导师坦言。

"导师,我觉得人类历史绝不是几个伟人就决定的,而是由广大人民群众主宰的。"一名同学道。

"可能我们所生活的年代、所处的环境和所接受的教育不同,所以我们的认识也会不同,我们还是各自保留自己的见解吧。"卡莱尔导师平静地说。

一名同学道:"导师,您正好处在人们对科学进步的盲目崇拜时代,那时人们高举'理性'和'进步'的大旗,为新生的资本主义摇旗呐喊,而您却批判说'理性至上的原则抹杀了人性,将人变成了机器,变成了工具;而实用主义必然使人沦为金钱的奴隶;怀疑主义会让人丧失对上帝的信仰'。您对怀疑主义和理性进行了猛烈抨击,我觉得您说得挺有道理的。其实我们现在也有这样的情况,您有什么好的解决办法吗?"

"谢谢这位同学。"卡莱尔导师笑道,"我只能根据我当时的情况来提,毕竟现在的社会已经改变很多。我觉得面对社会道德的日益缺失,我们可以用劳动去挽救。劳动具有神奇的作用,一个人即使忘记了他的职责,但只要认真工作,他还是会有希望的。只有懒散，人才会绝望，而劳动却会将人引向真理。你们记住，工作会给我们带来幸福和安宁。"

一名同学道："导师，您的这个观点我深有体会。有一段时间我很颓废，觉得做什么都没意思，总也感觉不到快乐。后来，我被朋友逼着去他的公司上班，忙起来后，我居然好了。"

一名同学问道："导师，您将英雄分为六类，在您心里，这六类英雄的重要性是一样的吗？"

"在不同的领域，不同类型的英雄其重要性是不一样的，最重要的是君王型英雄。为什么这么说呢？因为我认为人们的最高行为道德就是统治和服从，而君王型英雄集各种英雄品质于一身，所以其他人要服从他的意志，并以献身服务于他而自豪。"卡莱尔导师答道。

"为什么会有人闹革命？"卡莱尔导师问。

"因为统治者无能，让大家吃不饱、穿不暖，活不下去了。"一名同学道。

"统治者无能是一方面，还有一方面就是英雄人物并没有占据统治地位，所以世界才发生巨变，要把英雄推到应有的位置。"卡莱尔导师补充。

"每一个时代都产生不同类型的英雄人物，但每个时代对英雄的接受方式不同，有的时代因为没有识别英雄的慧眼，所以对英雄视而不见，对英雄人物传达的神圣天意置若罔闻，于是就会陷入虚伪、混乱之中，革命随之爆发。这是上帝对人们没有识别出英雄的惩罚，也是借革命之势让人们重新发现和重用英雄。"

"导师，我觉得世界历史的不断发展是因为自然界有其固定的规律，这是不以人的意志为转移的，对于您的观点——历史的发展是因为'自我'意识的活动而实现的，我不同意。还有您所谓的'神圣天意'恕我无法苟同。""眼镜兄"说道。

"对于历史每个人都有不同的看法，我不强求大家的观点都能跟我的一样。"卡莱尔导师微笑道，"不管怎样，我仍然认为当社会陷入混乱时，唯有英雄的降临才能拯救这个世界。不管这些英雄是以文人的形式出现，还是以传教士的形式，又或是君王的形式，他们的目的是一样的，都是为了拯救这个世界。"

第四节　浪漫主义的历史写法

"导师，根据您对英雄的论述，您本身也具备那些英雄的品质。比如，在您找到自己的精神信仰后，您从来没有动摇过；您能透过世界的表象看到世界的本质，能从过去的历史看到现在及未来，能看到问题并能提出解决的办法；当时英国危机重重，民主主义大行其道时，您能有勇气逆势提出自己的英雄崇拜和恢复等级秩序来救世的观点。这些都说明，您其实就是文人型的英雄啊。""眼镜妹"称赞道。

听到这样的称赞，卡莱尔导师欣慰地笑了笑，然后谦虚地说："我不可避免地也有自己时代的缺陷，毕竟已经过去了几百年，一些观点现在已经过时了，在学习的时候，你们要注意辨别。"

看了教室的同学一眼，卡莱尔导师苦笑道："有一些历史学家认为我的作品文学价值远大于历史价值，难道就因为我的文笔好？这也有点太气人了。其实他们的眼光只要离开狭隘的专业化历史学，投放到更加广阔的历史学中，就能理解我这种浪漫主义史学派的写法了。"

"导师，当时历史学正经历转变，以兰克为首发展的专门用来确定历史证据的一套标准方法在英国还没有确立，并且把历史学当作纯文学分支的想法也在改变，当时历史学应该处在步入专业化的过渡时期。"一名同学解释道。

"是的，我意识到了历史观念和历史写作的转变，以及转变过程中可能出现的问题。"卡莱尔导师点点头，"于是，我重新思考了关于历史的一些问题，然后形成了自己的看法以及写作方法。我承认，我的作品中有文学色彩，但是我始终保持对真实的追求。其实，正是因为对真实的追求，才让我从事历史写作的，为了更准确地表达出历史的真实，我才努力创造出一些历史的写作方法。"

"导师，您能给我们讲讲您独特的历史写作方法吗？"一名同学问道。

"在讲述写作方法之前，我想问问你们，历史资料是越多越好吗？"卡莱尔导师问。

"历史讲究真实，史料越多，我们知道的就越多，这样就越真实。"一名同学答。

"但是，资料太多也不一定就是好事，有时忙于了解太多细节，反而忘记了整体脉络。"李彤说道，因为有时她就会有这样的情况。

卡莱尔导师道："材料太多未必就是好事，有时会给写作者带来焦虑，因为历史不是材料的直接堆积，还需要史学家进行编排。为了让历史被大家理解，史学家必须把复杂混乱的材料按照一定的秩序整理好。这就需要史学家对选择什么材料要有自己的价值标准。不同的历史学家，因为价值标准不同，可能会增加也可能会遗失很多东西。"

"导师，您总能在混乱不堪的材料中找到对自己有用的材料，并发现它们新的意义。"一名同学羡慕道。

"选择材料时想想自己的价值观，多练习，你也能做到的。"卡莱尔导师安慰道。

"一个历史学家想要精准地写作历史，首先要确定自己的研究立场，就像我的写作立场就是对历史真实的追求，为了将历史真实地写下来，我采取了一系列的方法。"卡莱尔导师接着说。

"比如，在描写上我采用了全景视野的方式，交替使用近景和远景，有时还会运用跳跃的手法，不断变换描写的对象和重点。我不断转移读者的视线，让他们能看到事件和场景的各个侧面，这样就能给读者一个身临其境的感觉，让他们对事件和场面有个全面的认识，从而迫使他们形成自己的看法。"（如图9-4所示）

对不同场景进行多角度描写

图9-4　卡莱尔历史写作中的几个场景

"眼镜妹"道："导师，您在《法国革命》中的一段描写给我留下了深刻印象：'一个官员被残忍杀害了；又一个伤员被吊死在路灯支架上；虽然有很多困难，但是法国卫兵还是坚持去放其他的幸存者。弗勒塞尔的市长面色灰白，但不得不从椅子上走出去，去接受审判，不过他刚拐进一条大街，就被人一枪打死了。七月的落日啊，就在这一刻，把它的光辉洒向宁静田野中那些收获者的身上；洒在小屋中纺纱的老妇人身上；洒在大海深处的点点白帆上；洒在凡尔赛宫的橘树园中；洒在那些浓妆的贵妇同轻骑兵的舞姿上……'"

"眼镜兄"赶紧评判道："导师您这描写也太绝了！就像电影的蒙太奇手法，通过不停地转换镜头，让层层画面在我们眼前徐徐展开，有静止的，有动荡的；有局部的，也有全景的。让我们看到一个立体、生动的画面。"

"对于我认为不重要的细节和场景，我没有根据常规那种连续的写法，而是采取跳跃的方式，可能有人会觉得不连贯，但是我觉得这样会造成戏剧性的效果，从而给读者留下深刻的印象。"卡莱尔导师道。

"为了避免语言叙述的直线性，我有时也会用第三者的身份去说话，这时我既是叙述者，也是笔下的任何一个历史人物。通过这种方法，我可以站在一旁去评判我笔下人物的功与过，可以对他们进行赞扬或谴责。我会通过'听''看''注意'等词语给大家以提示，有时我也会邀请读者加入进来。"

"导师，您是一个把历史当作预言的历史学家，这就要求您在叙述的时候要模糊或消除过去和现在之间的界限，您是怎样做到这一点的呢？"一名同学问道。

卡莱尔导师解释道："我是通过不断转换时态做到的。在写作过程中，我使用了过去时、现在时和将来时。通过第一人称的叙述方式，让叙述者和过去的行动者变得难以区分，从而把读者的注意力吸引到当前正在讲述的事件上，让读者感觉事件正在发生，同时又告诉读者这不是真的正在发生的事，这只是一段历史。"

"导师，您的风格太独特了，很多人想要模仿却不得其法，感谢您的分享。"一名同学道。

卡莱尔导师笑道："同学们，历史学家也有艺术家和匠人之分，通常匠人只关注细节看不到整体，也不觉得有整体；而历史学中的艺术家因为有整体的观念，使得一个卑微的领域变得崇高起来。我希望你们以后都能成为有整体观念的历史学家。"

第十章
修昔底德导师讲
《伯罗奔尼撒战争史》

本章通过3个小节介绍了古希腊史学家修昔底德，讲述了他在面对几乎波及当时整个希腊世界的伯罗奔尼撒战争时是如何进行历史记录的，他从这场大战中又看到了什么样的人性，最后对所谓的"修昔底德陷阱"进行了分析。

修昔底德

（Thucydides，约公元前460—公元前400或公元前396），雅典人，古希腊历史学家、文学家和雅典十将军之一，被称为"历史科学之父""政治现实主义学派之父"。

修昔底德出生于雅典一个贵族家庭，从小受到良好的教育。他生活在雅典的极盛时期，当时也是古希腊文化的全盛时期。伯罗奔尼撒战争爆发时，他投身军营，在公元前424年被选为雅典"十将军"之一，后被革职放逐，直到战争结束才得以回到故乡。

第一节　为了实事求是我愿以身试险

　　这个礼拜六，李彤吃完早饭就直奔 A 大教室。今天来得太早了，其他人都还没来，李彤闲得无聊就拿出自己买的历史书籍看起来。说实话，李彤觉得这些书真的太枯燥了，全是理论，很难读下去，果然没一会儿她就跟周公相会去了。

　　被小安拍醒的时候，李彤正梦见自己骑在马上奋勇杀敌，那厮杀声好像还在耳边，一看原来是旁边同学的手机正在嘶哑地叫。

　　戴上头盔之后，李彤发现自己出现在海边，阳光洒在海面上波光粼粼的，有海鸥从海面一掠而过，又飞向远方。正当大家沉浸在美景中时，一声咳嗽从后面传来，只见一个长满络腮胡的男子走了过来，李彤觉得他的打扮跟希罗多德导师很像。

　　"终于把你们盼来了，我的朋友。"那男子热情道，"我是修昔底德，土生土长的雅典人。听说之前希罗多德也给你们上课了。关于他对战争的描写，我建议各位当成小说看会更合适。"

　　看到同学们没有什么反应（主要是大家还在震惊之中），修昔底德导师大声道："关于战争的叙述，我的一个原则就是：我所描述的事件，不是我亲眼看见的，就是我从那些亲眼看见这些事的人那里听到的，并且我不会仅凭自己的一般印象就作出取舍，我还会进行仔细考核。我不会像某些人那样，从哪里偶尔听到一个故事就写下来。我写的历史大家读起来可能会觉得不太吸引人，因为这里没有虚构的故事。"（如图 10-1 所示）

我所描述的事件是我亲眼所见

对于从亲眼所见之人那里听到的，
我考核确认是真实的才留下

图 10-1　修昔底德的实事求是

　　停顿了一下，修昔底德导师接着说：“但是，如果你想了解那时真实的事件，想根据过去的事实判断将来会发生什么，我觉得我的著作还是有点作用的。”

　　反应过来的“眼镜兄”赶紧道：“导师，您严谨的态度我们后世之人非常认可，要不怎么会称呼您为‘历史科学之父’呢？”

　　听到这个称呼，修昔底德导师像个孩子似的开心地笑了。这时，一名同学问道：“导师，您是怎样收集到那么多真实详尽的材料的呢？”

修昔底德导师骄傲地说："因为我在成龄后亲身经历了那场战争，并且战争刚刚爆发时，我就意识到这是一场伟大的战争，这次战争比以往任何一次战争都更具记载价值，所以那时我就注意收集和整理，关心战局的变化，并做好了写作的计划。"

"导师，您这也太厉害了，您怎么就知道这将是一场史无前例的大战呢？"一名同学好奇道。

"根据事实，用脑子分析出来的。"修昔底德导师道，"当时我看到备战双方都竭尽全力，并且全希腊其他的国家不是加入这边，就是加入那边，没有参战的国家也正在准备参战。从这些事实我意识到，希腊人历史上最大的动乱即将开始。我想把这样的大战争如实记录下来，让后来人能从这次战争中得到经验和教训。"

"看来一部伟大的作品，从一开始就注定了。我知道导师您在写作中始终坚持对史料进行分析和判断，并且只写这场战争及与战争有关的内容。在您的著作中，您还勇敢地否认了神谕的作用，用非常理性的态度去分析整场战争的来龙去脉，从人力、物力、财力等方面去论述战争胜败的原因。""眼镜妹"赞叹道。

"导师，听说您还亲自指挥了其中的一场战斗？"一名同学问道。

"是的，当年我作为'十将军'之一，曾经带领舰队，驻扎在你们现在站的这个岛上，这让我有机会更加详尽地了解这场战争。不过后来因为一些原因我被革职并流放到色雷斯了。"修昔底德导师不无遗憾地说。

"应了你们中国那句老话——'塞翁失马，焉知非福'，也正是因为这流放的 20 年，让我这个流放者能够了解到双方的行动，并让我有时间去认真思考它们，并将它们记录下来。"修昔底德导师微笑道。

李彤心想，生活有时还真是这样，当时觉得很倒霉的事，后来想想却是好事。就像自己，就因为经常被刘记批评，才有机会来这里学习，才让自己从内心发生了很大的改变。

"导师，在您的作品中有很多演说辞，比如伯利克里在阵亡将士墓前的著名演说：'我们的制度是别人的模范，它为什么被称为民主？因为它的政权掌握在全体公民手中，而不是少数人手中。每一个人在法律上都是平等的，在让某人担任公职的时候，考虑的是他们是否真正的才能。任何人，只要他对国家有贡献，就绝不会因为贫穷而在政治上寂寂无名。'我想问一下，这些演说词真的就是那些人自己说的吗？""眼镜妹"问道。

修昔底德导师解释道："关于这点，我想申明一下，在我的著作中，我利用了一些现成的演说辞，它们有的发表在战争前，有的发表在战争中。对于我自己听到的原词原句，有些已经很难记得了，从其他地方听来的也存在这样的问题。对于这些演说辞我采用的处理方法是：在尽量保证演讲者实际大意的情况下，尽量采用我认为他们在不同场合下应当要说的话。"

"眼镜兄"夸赞道："导师，对同时代的事件您是慎重而科学的，您不轻信传闻，只记载亲身经历和调查过的事实，可以说您的治史态度是科学严谨的。后世很多史学家对您的著作极为推崇，您的一些观点直到现在还非常有意义，比如人性、正义、修昔底德陷阱等。"

第二节　人性的悲凉

　　"是啊，在公元前 5 世纪，导师就在书中讨论了各种各样的人性，真是太超前了。"一名同学感叹道。

　　"同学们，你们说说人性是什么呢？"修昔底德导师问道。

　　"人性就是人的本性。"一同学回答道。

　　修昔底德导师追问："为什么在战争中更能看清人性呢？"

　　"战争是残酷的，不是你死就是我亡，在这种生死状态下，人的自然本性往往会直接表露出来，没有什么隐瞒。""眼镜妹"分析。

　　"是的，在战争中人性的优劣会毫无保留地暴露出来，可以说在战争这个大舞台上上演的，其实就是淋漓尽致的人性百态。伯罗奔尼撒战争从爆发、发展到最后都是人类群体活动的结果。"修昔底德导师道。

　　"导师，您用犀利的笔道尽了人之百态，写尽了人的善恶。"一名同学说道，"您给我们讲讲您所认识的人性吧。"

　　"在这场大战中，虽然也看到了人性的善良与智慧，但我更多地看到了人性的悲凉。"好像陷入了可怕的回忆，修昔底德导师缓缓道，"你们觉得伯罗奔尼撒战争爆发的原因是什么？"

　　一名同学回答道："依我看，发动战争主要是因为贪婪，就像当年日本对我们发动战争，还不就是因为想抢占我们的土地吗？还假惺惺地说实现什么大东亚共荣圈，这也太假了。"

"是啊，总有一些虚伪的人，打着各种幌子去侵略别人的国家，还说是为了别人好。"另一名同学附和道。

"看来人的共性直到现在还没变。"修昔底德导师感叹道，"不管什么时候，对强权和财富的追求永远是人的共性。"

"引发伯罗奔尼撒战争的根本原因就是利益和权势。在希波战争后，雅典开始不断扩张，对盟邦非常专横，不允许盟邦背叛和退出。因为盟邦需要交纳同盟贡金，而同盟贡金对雅典的发展壮大提供了必要的资金支持，也是雅典用来加强军事力量、维护城邦安全的一个保障。这样重要的贡金，雅典怎么可能轻易放弃呢？雅典还希望能获得更多的贡金呢！这就是人性对财富、权力贪婪的表现。"修昔底德导师分析道。

"导师，斯巴达当时的军事力量也很强大，在伯罗奔尼撒半岛上它保持着霸主的地位，对于希腊的崛起它肯定不会坐视不理啊。"一名同学道。

"是的。其实不止雅典和斯巴达有称霸扩张的野心，其他城邦一样也想，只是它们的实力还不够，没敢太明显地表现而已，像科林斯、底比斯、叙拉古等，如果它们当时有希腊和斯巴达那样的实力，肯定也会不断扩张称霸的，这就是人的共性——贪婪造成的。"

"导师，其实在我们这个时代贪婪也很常见，经常看到有人为了钱财而杀人的新闻。"一名同学道。

"是啊，这样的事从古到今一直不断，只要人的劣根性还在，这样的事就无法避免。其实，无论是城邦间的战争还是内部的斗争，即便是个人之间的冲突，归根结底就是因为贪欲在作怪。一切罪恶产生的根源就是贪欲和野心引起的统治欲。"修昔底德导师道。（如图 10-2 所示）

历史学家说:
无论是城邦间的战争还是内部的斗争，都是因为贪欲产生的。一切罪恶产生的根源就是贪欲和野心引起的统治欲。

图 10-2　贪欲和统治欲是一切罪恶产生的根源

"导师，在您的著作中，您觉得弱者屈服于强者是应该的，是没有违反人性的。"一名同学道。

"在我生活的那个时代，弱肉强食是人性的正常表现，也是城邦或者个人行为的一个原则，并没有违反当时的道德标准，因为弱者屈服于强者是早就存在的法则。"修昔底德道。

"那么，导师您觉得希腊对其他城邦的征服也不应该受到谴责呗？"那名同学继续追问。

修昔底德回答道："对于那些渴望统治别人的人，我是不谴责的；但是对于那些不战而屈的人，我是谴责的。因为想要统治那些屈服的人，这是人性的本能之一。"

"导师，您赞同强权，鄙视懦弱，这点我不认同。我觉得您这是给雅典的扩张和称霸洗白，这样雅典在战争中就能以正义者的面孔出现，就能在道义或舆论上站稳脚跟，从而保证将士们昂扬的斗志，打得理直气壮。"那名同学激动地说。

"我们的立场不同，所以见解也会不同。"修昔底德导师讪笑道。

"但是，导师您是历史学家啊，您应该公正地看问题，而不是带着自己的立场去写历史。"另一名同学道。

"很抱歉，关于这点，我没有做好，可能主要是源于我的私心吧。希望同学们以后从事历史写作的时候，不要步我的后尘，能客观公正地去书写历史。"

"导师，您当时怎么会想到从人性论方面来分析伯罗奔尼撒战争呢？""眼镜妹"问道。

"当时战争造成的混乱，让人的精神受到极大的考验，在生存、权力、利益、金钱的考验面前，我看到了很多人性中的恶。比如，有背叛国家的，有见风使舵的，有两面三刀的，等等。看到雅典民主制度的衰落，我很悲哀，对雅典城邦中人性和道德的变化有深刻的体会。"修昔底德导师接着说。

"在这场战争中，我看到人性中的真、善、美逐渐被削弱，而人性中隐藏起来的丑与恶逐渐显现。正常情况下，人是理智的，是按法律行事的，但是在战争这种极端情况下，人性是疯狂的，是非理智的，甚至显现出的激情是不可控制的，整个雅典是黑暗的、丑恶的。"

歇了一口气，修昔底德导师接着说："我想人性是相同的，以前的人，现在的人和将来的人都会犯类似的错误，因为人性总是容易犯错的。我想将他们所犯的错误都记录下来，希望后世的人能够避免再犯类似的错误，再发生这样的灾难。"

第三节　修昔底德陷阱

"导师，您的想法很好，但现实很悲哀，直到现在您那个时代的错误还在不断上演。"一名同学叹道。

另一名同学问道："是啊，就连导师说过的'使战争不可避免的真正原因是雅典势力的增长而引起的斯巴达的恐惧'这句话，现在都变成了'修昔底德陷阱'。"

修昔底德导师惊讶道："哦？居然有人发展了我的学说，说来听听。"

那名同学解释道："'修昔底德陷阱'意思就是，一个新兴的大国必然会挑战原来的霸权国家，霸权国家肯定会主动应对新兴大国的挑战，最后不可避免地发生战争。"

修昔底德导师疑惑道："这跟我的战争分析又有什么关系呢？对于伯罗奔尼撒战争我做了很多分析，为什么他们对那些视而不见却只挑出这句话呢？"

"因为这句话恰好是他们需要的，这也说明人在选择材料上还是很主观的。""眼镜兄"说。

"有道理。对于那场战争我还是简单跟大家说说当时的情况吧。"修昔底德导师道。

"公元前478年，为了对付波斯帝国，雅典建立了提洛同盟，后来跟斯巴达联手打败波斯帝国以后，这个同盟就变成了雅典控制其他城邦的工具。其他城邦必须向雅典交纳贡金，贡金对雅典的重要作用前面我已经讲过，这里就不再重复了。在伯罗奔尼撒半岛上还有一个同盟组织，就是伯罗奔尼撒同盟，这是一个防御性同盟，由希腊的另一个大国斯巴达控制。"

修昔底德导师气愤道："雅典和斯巴达是当时希腊几百个城邦国家中实力最强的两个，雅典以工商业为主，斯巴达以农业经济为主，雅典是海上霸主，斯巴达是陆上强国。它们两个根本就不存在谁是老的霸权国家，谁是新兴国家，居然有人曲解了我的意思。"（如图10-3所示）

谁是霸权国，谁是新兴国？

雅典是海上霸主

斯巴达是陆上强国

图 10-3　被曲解的"修昔底德陷阱"

"眼镜兄"道："是啊，并且对当年雅典和斯巴达战争的原因，我记得导师您是这样说的：'这些年，雅典的力量日益强大，因而大大增强了他们国家的权势。虽然斯巴达人知道雅典势力不断增强，但是很少或者基本没制止它；大多时候，斯巴达人保持冷静的态度，因为通常他们都是被迫迎战，如果不是被迫而战，他们总是很迟才采取行动；当然也因为他们自己国内的战争，不能采取军事行动。'"

停顿了一下，"眼镜兄"接着说："'直到后来，雅典的势力达到顶点，并且雅典人开始侵略斯巴达的盟国了。斯巴达人觉得这种情形不能再容忍了，才决定发动这次战争。'"

"眼镜妹"听后疑惑道："导师，通过您描述的战争发生原因，我觉得应该是雅典的'帝国主义'触动了斯巴达人的根本利益，才导致战争的。因为雅典对斯巴达同盟国的侵略和干涉，严重损害了斯巴达人的利益，最后迫不得已斯巴达人才奋起反抗。"

修昔底德导师叹息道："其实雅典和斯巴达也不是两个国家的直接对抗，他们还是同盟国，曾经并肩作战打败过波斯帝国，还签订了三十年的停战协议。只是，没有外敌后，这两个国家因为彼此间利益的冲突开始兵戈相向，这也是人性使然。现在格雷厄姆·艾利森提出这个什么'修昔底德陷阱'又是出于什么目的呢？"

一名同学抢着说："最厉害的就是，他总结了历史上无数次新兴大国崛起时挑战以往霸权大国的案例，得出结论——这样的情况大多以战争收尾。他还特别强调，第一次世界大战就是因为新崛起的大国德国，想要挑战当时的大国英国，最后造成了世界灾难，他说这就像当年您写的雅典挑战斯巴达最后造成整个希腊受到重创一样。"

"导师，现在这个'修昔底德陷阱'理论已经被当作国际关系的铁律了。很多人都认为当一个崛起的大国和原来的霸主竞争时，双方都面临公元前5世纪希腊人的危险，最终以战争结束。"另一名同学补充道。

"这不是我的本意，我之所以详细记录这段历史，就是为了让后世之人从那场战争中吸取经验和教训，不再发动战争。"修昔底德导师苦笑道。

"因为我亲历了战争，我知道战争对人性的摧残。也许有的战争一开始的动机是为了公平正义，为了民主，但是随着战争的延续，所有的文明规矩都会被破坏，所有公平合理的理念都会被歪曲，最后指导原则变成了私利、憎恨和报复。在战争中，人的良知会被慢慢消耗掉，最后人会失去理智，将人性的邪恶完全暴露出来，战争就是残暴的元凶。"

"我当时本意是想让后人看到战争带来的毁灭性灾难，能够和平相处，避免战争对人性的摧残。看来，两千多年过去了，我的愿望还没实现。"修昔底德导师殷切地看着大家，满怀希望地说，"朋友们，听说你们国家现在正在崛起，我希望你们能满足我的心愿！"

第十一章
顾颉刚导师讲
"民俗学"

本章通过4个小节主要介绍了我国史学家顾颉刚在民俗研究方面的成就，以及由他领导的"古史辨"运动。

顾颉刚

（1893年5月8日—1980年12月25日），字铭坚，号颉刚，笔名有诵坤、余毅、铭坚等，江苏苏州人。中国现代著名历史学家、民俗学家，古史辨学派创始人，现代历史地理学和民俗学的开拓者、奠基人。

1920年，顾颉刚从北京大学毕业，先后在厦门大学、中山大学、燕京大学、北京大学、云南大学、兰州大学任职。新中国成立后，任中国科学院历史研究所研究员、中国民间文艺研究会副主席、民主促进会中央委员等职。

第一节　民俗研究方法

　　时间过得飞快，转眼到了中秋，那天李彤和李氏家族成员聚在一起欢度佳节。吃完晚饭，分享象征团圆的月饼后，大家准备去海边赏月。路上，小侄女莹莹问中秋节为什么是八月十五，为什么还要吃月饼，这个节日到底是从什么时候开始有的。这些问题看似简单，还真不好回答，不过幸亏有手机，否则还真被难住了。事后李彤想，如果自己去研究这些问题，应该怎么做，从哪些方面入手呢？

　　礼拜六上课前，李彤就这个问题跟大家交流了意见，一些同学也跟自己一样，不知道从什么地方入手。中国的民俗博大精深，但是要怎么去研究呢？

　　"同学们，你们好，我是顾颉刚。"李彤看到一个戴着眼镜，穿着中山装的老者站在一间教室里。

　　"导师，您就是研究中国现代民俗学的顾先生？""眼镜妹"惊讶道。

　　顾颉刚导师点头道："不过，我主要还是研究历史，研究民俗不过是想用民俗学的材料去印证古史，是作为历史研究的辅助，所以我关于民俗的论著并不多。"

　　"导师，您关于民俗的研究方法是开创性的，对现在的我们依然有启发意义，您能给我们讲讲吗？"一名同学道。

　　"乐意之至。任何学科的振兴和发展都不是靠一两个顶尖人物就能完成的，而是需要团队共同作战。想要达到这一目的，首先要做普及工作，那就是培养人才。只要你们有兴趣，我必言无不尽。"顾颉刚导师高兴地说。（如图 11-1 所示）

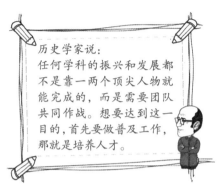

历史学家说：
任何学科的振兴和发展都不是靠一两个顶尖人物就能完成的，而是需要团队共同作战。想要达到这一目的，首先要做普及工作，那就是培养人才。

图 11-1　学科的振兴和发展需要团队共同完成

"其实，当年我的民俗学研究就是这样开展起来的。当时，我南下收集风俗物品，花了半年时间却没什么成效。到了中山大学后，我们成立了'中山大学民俗学会'，网罗了中山大学的很多教职工，这样民俗学很快作为一门现代学科被确定下来。"

"导师，听说您当年研究孟姜女的时候有很多人帮助您。"一名同学说道。

"因为孟姜女的故事涉及很多地方，不仅要从历代史书、笔记、类书、文学作品等大量资料中寻找，还要从社会上收集大量资料，依靠我一个人的力量肯定是做不到的。"顾颉刚导师道。

"当我发表《孟姜女故事的转变》之后，全国各地的学者、民俗爱好者热情地给我提供了大量的材料和线索，让我的眼界和思路大开，才有了后来的《孟姜女故事研究集》。做民俗研究，你们一定不要嫌弃材料多，不要觉得太多材料不好整理，这是取得伟大成就的前提。"

"导师，您在该书前言中请求大家随时随地替您收集孟姜女的相关资料，您还告诫大家千万不要觉得材料普通、材料小，或者您已经有了就算了，您说可能从很小的材料中就能得到很大的发现，而那些重复的材料也是故事流行的证明。""眼镜兄"道。

顾颉刚导师说："拥有原始材料是从事研究的硬件基础。另外，各种学问都是相互关联的，大家应该互通有无，分工合作。比如，我的孟姜女研究可以给别的故事研究者提供形式和材料，同样别的故事研究者也可以给我提供材料，这样互通有无，那些无法单独解决的问题也许就能解决了。"

听到导师的这句话，李彤深有感触，因为她们这一行业大家也会相互交流一些信息，有时在别人那里没用的信息正好是她需要的，而她的东西有时也能给别人带来灵感。

"导师，如果资料太多该怎么处理呢？"一名同学问道。

顾颉刚导师回答道："传统史学观是平面的，是一脉相承的，我们要换一种思路，用演变的眼光去看待古史的构成，并分辨出其中的层次及演变的原因。我通常先对材料的年代做准确鉴别，根据先后顺序将它们依次排列起来。根据古史的发展，把每一次变异都放到特定的社会背景中，结合当时的社会、政治、时尚、风俗等因素进行综合考虑。"（如图11-2所示）

"眼镜兄"补充道："就像导师分析孟姜女的故事，说：战国时，齐都盛行哭调，于是杞梁妻哭丧的题材就被广泛采用；但是到了西汉，流行天人感应，于是哭就变成了崩城的感应。"

"是的。"顾颉刚导师道，"因为各地的风俗会有差异，所以我们还要从地域分布来看故事的流变。通过做这种地域分布图标的比较分析，我发现因为中国历代政治、文化中心的变迁，传说也会有若干个传播的中心点。当一个中心点形成的时候，这个传说便会因为当地的时事、风俗、民众的感情影响而发生变异。并且在这个中心点周围传说是相对稳定的，但是各中心点之间则会有很大的变异，于是就形成了不同的文字。"

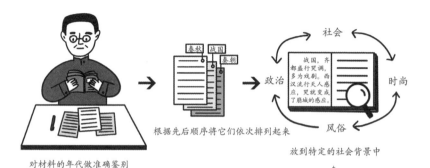

对材料的年代做准确鉴别
根据先后顺序将它们依次排列起来
放到特定的社会背景中
＋
结合当时的社会、政治、时尚、风俗等因素进行综合考虑

图 11-2　材料的处理方法

　　顾颉刚导师接着说："当然了，研究也需要实地调查和古籍记载相印证。比如我们要研究古代神话，有史书、笔记、图画、铭刻等材料；要研究现代神话，有庙宇、塑像、神祇、阴阳生、星相家、烧香人等材料。我们将这两种材料相互印证，就可以借古知今，以今证古。"

　　"导师，您从戏曲和歌谣中得到研究古史的方法，但是您又用史学家的眼光和方法来研究民俗，这简直是开创性的研究啊。""眼镜妹"夸奖道。

　　另一名同学问道："导师，孟姜女是个广泛流传的故事，但是您的研究让我们大开眼界，您能给我们讲讲吗？"

第二节　孟姜女故事的转变告诉我们什么?

"是啊,导师您给我们讲讲吧!孟姜女的故事都已经流传好几千年了,您怎么想到要对她进行研究呢?"另一名同学疑惑道。

顾颉刚导师道:"当年我看书的时候发现,宋代的郑樵在《通志·乐略》中指出'杞梁之妻,于经传所言者不过数十言耳,彼(稗官)则演成万千言'。这引起了我对孟姜女故事的兴趣。后来又读到清代姚际恒《诗经通论·郑风·有女同车》中说'是必当时齐国有长女美而贤,故诗人多以"孟姜"称之耳'。这说明还没有杞梁妻的故事时,'孟姜'这个词就已经流行了。对于'孟姜'演变年代这么久远,我感到很惊讶,于是就引发了对孟姜女故事的好奇心,于是开始收集跟孟姜女有关的材料,并对它们进行研究。"

"导师,您在《孟姜女故事的转变》中,将孟姜女的故事从春秋到宋代的演变划分为 6 个时期,利用 18 种文献分析了故事的变化。孟姜女也从春秋时的不受郊吊,到了战国时期的'哭之哀',并衍生了很多版本;西汉时变成了悲歌哀哭;东汉时增加了杞梁妻妹明月做歌,并且也从悲歌哀哭转变为崩城,不过那城是杞城或莒城;到了唐朝时杞梁变成了秦朝人,梁妻妹的名字也改为朝日,所哭的城也变成了长城,故事的中心变成了'旷妇怀征夫';到了北宋时,主要人物也从'杞梁妻'变成了'孟姜'。导师,您在每个观点下面都写上了自己的文献资料,做得非常详尽，让我们很容易就能看到孟姜女故事的演变过程。""眼镜兄"
赞叹道。（如图 11-3 所示）

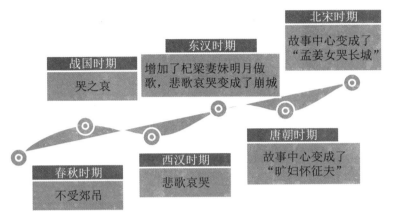

图 11-3　孟姜女故事的演变

"同学们，从孟姜女这个故事的演变中，你们想到了什么？"
顾颉刚导师问道。

"既然故事都是不断变化的，那么那些传说中的古史应该也
是不断变化的。"一名同学回答道。

顾颉刚导师道："是的，故事是没有固定体的，故事的体便
在前后左右的种种变化上。如果你们理解了这个故事的情况，那
么那些传说中的古史，它们的意义和变化也是这样的。如果你们
能了解这个意思，那么就能看出那些传说中古史的真相，就不会
再为那些古史所迷惑了。"

"所以，导师您要用民俗学来论证古史，是吗？"一名同学
问道。

"如果我们用故事的眼光去看那些古史，那么很多记载就能
解释得清楚了。比如，看了八仙的结合，就能明白《尧典》里九
官的结合；看了薛仁贵、薛平贵的化名，就能明白伯益、伯翳的

化名；看了诸葛亮的足智多谋，就能说明伊尹、周公的足智多谋；看了曹超、秦桧的穷凶极恶，就能说明桀、纣的穷凶极恶。"顾颉刚导师解释道。

"你们知道了何仙姑为武平人，又为歙人，又为零陵人，就能明白孟姜女可以是杞人，又是同官人，又为澧州人，又为冀州人，也能明白舜妻为都于平阳的尧女，又为湘妇人，又为三身之国的母亲。"

歇了一下，顾颉刚导师继续道："你们看，如果用这样的方法再去看那些古史，就能把那些总也想不通的地方想通，从那些古史中处处发现民间故事的影子，用民俗故事去论证古史这个办法还是可行的，所以我敢大胆打破旧有的古史系统。以后，我对古史的主要关注点，不再是它的真相，而重在它的变化。"

"导师，经过您的分析，我也觉得用故事流变的眼光去解释古史挺好的。"一同学附和道。

顾颉刚导师道："比如'匡人围孔子，子路奋戟将与战，孔子止之曰："歌，予和汝"，子路弹琴而歌，孔子和之；曲三终，匡人解甲而哭'。其实这不就是诸葛亮'空城计'的先型吗？这些事，我们从史实的角度去看，肯定觉得是谬论，但是，如果用故事的眼光去看，就非常合理了。"

"可惜啊，一些学者只关注朝章国故，而不注意民间传说，结果错失了很多好材料。所以，你们在研究历史的时候，一定要结合民间故事，用民俗去论证古史。"顾颉刚导师感叹道。

"导师，有人对您写的孟姜女故事的评价是'不在言人之所不知言，而在言人之所不能言'，我觉得这个评价太精辟了，孟姜女这个民俗故事是我们从小就耳熟能详的，但我们从来没想过要去研究它。您不但研究了，还用这样特别的方式。尤其让我震撼的是您用民俗故事论证史学的观点。通过您的提示，我又发现了一个研究史学的方法。""眼镜兄"激动地感慨道。

李彤也不禁赞叹道："是啊，导师您的讲解让我有醍醐灌顶的感觉，我完全可以从那些有意思的故事、民间传说还有中国的传统文化、节日等中去了解历史，这样我就可以避开那些枯燥的、厚厚的历史书籍了。而且，您这种从另外的角度出发去论证一件事情的方法，还让我想到以后面对无法理解的事情，我们完全可以从其他方面入手。谢谢您，导师。"

听到同学们的感叹，顾颉刚导师笑着说："能对你们有所帮助有所启发，我觉得很开心。"

第三节　"疑古"与辨伪：古史辨运动

一同学问道："导师，听说您还是古史辨学派的创始人，您能给我们讲讲当时的这一运动吗？之前听李济导师的课，他当年从事考古也受到'疑古派'的影响。"

顾颉刚导师看着讲台下的同学问道："你们有谁知道当年的'古史辨'运动吗？"

一同学抢着说："1923 年，导师您给友人钱玄同写了一封论史的信，里面谈到了古史辨伪的思考和计划，还提出了'层累地造成的中国古史'的观点。"

"导师您这个观点是什么意思呢？"另一名同学不解地问道。

顾颉刚导师解释道："这个观点主要包括三层意思：第一层意思是时代愈后，传说的古史期愈长。比如周代人心中最古的人是禹，但是到孔子时代又增加了尧、舜，到战国时期又多出了黄帝、神农，而到秦朝又多出了三皇，到汉代以后又增加了盘古。"

"第二层意思是时代愈后，传说中的中心人物会愈放愈大。比如，孔子时期，舜只是一个'无为而治'的圣君，而在《尧典》中就被记载为'家齐而后国治'的圣人，到孟子时直接变成一个孝子的模范了。"（如图11-4所示）

"第三层意思是虽然我们无法知道某一件事的真实状况，但是却可以知道某一件事在传说中的最早状况。就像我们虽然不知道东周时的东周史，但是我们知道战国时的东周史，虽然不知道夏商时的夏商史，但是至少知道东周时的夏商史，不是吗？"顾颉刚导师问道。

"导师，您这是要推翻'自从盘古开天地，三皇五帝到于今'的历史'常识'，让我们的神圣偶像轰然倒塌吗？"

顾颉刚导师笑道："'古史辨'是史家的考辨古史，所辨的内容是伪书、伪事、伪史。对于古史，我们要以史家的态度和标准去研究、考量。对于那些经书，我们不能没有考量就认为它们是信史，这是不科学的。"

"导师您曾经多次强调过古书研究对古史考辨的重要意义，是不是'古书辨'更为重要呢？"一位同学问。

"它们三者是互相依傍的，很多伪史都是以伪书为基础的，如《帝王世纪》《通鉴外纪》《路史》等，还有很多伪书是以伪史为基础的，比如《伪古文尚书》《古三坟书》等。古书是古史材料的一部分，所以我们要先把古书的问题弄明白，然后才能保证古史准确无误，这是研究古史的初步工作。辨伪史需要直接整理历史，辨伪书则需要间接整理。想要推翻伪史，必须考订伪书，还原伪书的写作时间和思想背景。"顾颉刚导师道。

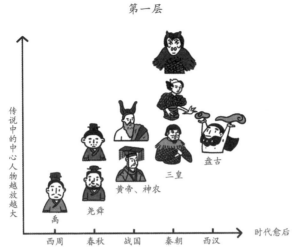

第一层

第二层

第三层

图 11-4　顾颉刚"层累地造成的中国古史"观

197

"导师，您觉得对于古史我们需要注意什么呢？"一同学问道。

"我们首先需要打破关于古史的一些传统说法，只有这样我们才能去'疑古''辨古'。"顾颉刚导师道。

"首先要打破中国古代民族原来只有一个的观念。自春秋以来，疆土日益扩大，民族日益合并，大一统的观念加强，于是很多民族始祖的传说也逐渐划归到一条线上，有了先后君臣的关系，《尧典》《五帝德》《世本》等书就是这样来的。那么中国民族是否原本就是一个呢？这要等后来的地质学和人类学上有确实的发现之后才能论证，但是对现有的传说应该是持有不承认的态度。"

顾颉刚导师接着说："其次，要打破古史人化的观念。古人对神和人的认知没有什么界限，所以历史差不多完全是神话，但是从春秋末期开始，就开始把神话中的古神古人都'人化'了。对于古史，我们应该依附那时人的想象和祭祀的史为史，这需要我们研究当时的宗教史。有人想通过研究政治史去弄明白，这是不对的，因为宗教史是原有的事实，是真的，但政治史是后出的附会，是假的。"

"当然，我们还要打破把古代当作黄金世界的观点。看看那些古代神话，简直把古代说成了一个黄金世界，但真的是这样吗？其实某些观念在春秋以前是没有的，但是战国时那些政治家为了用古王去压服今王，所以才把古王抬到极高的位置。"

"导师，这么说来五帝、三皇的黄金世界是战国后的学者伪造的吗？"一同学问道。

"我认为是那些学者伪造给当时的君王看的。"顾颉刚导师道。

"导师，您的想法太让人震撼了，这样'疑古'的思想是从哪里来的呢？""眼镜妹"问道。

顾颉刚导师笑道："当年我看崔述的书，发现'传、记'不可信；看姚际恒的书，又发现不但'传、记'不可信，连'经'也不可尽信；郑樵的书启发我，做学问要融会贯通，还引发了我对《诗经》的怀疑。后来我的胆子就越来越大，想要打倒'经'和'传、记'中的一切偶像。"

"当然，我还受到胡适和钱玄同两人的启发和帮助。钱先生多次鼓励我不仅要辨伪书，还要辨伪史，很多经书也值得辨，他说'研究国学的第一步便是辨伪'。胡适先生的'大胆地假设，小心地求证'给我很大的启发。"

第四节 　民俗视角下的《诗经》研究

"导师，听说你们那场轰轰烈烈的'古史辨'运动还对《诗经》进行了一场大讨论？"一同学问道。

"《诗经》是中国所有书籍中最有价值的一部，它的古史资料当然值得我们关注了。"顾颉刚导师笑道，"对于《诗经》，我主要是从音乐和婚俗两个角度去研究的。"

"导师，有人怀疑《诗经》中部分诗歌是徒歌，您怎么看？""眼镜兄"问道。

"谁来说说徒歌与乐歌的区别？"顾颉刚导师满怀期待地问道。（如图11-5所示）

"导师，徒歌就是在唱歌时没有伴奏的，相当于现在的清唱；乐歌是指在唱歌时有伴奏。二者的主要区别在于是否有音乐伴奏。"一同学道。

徒歌没有伴奏，没有回环复沓，没有整齐的格调

乐歌有伴奏，有很多回环复沓的句式，歌词整齐

图 11-5　乐歌与徒歌的区别

"这位同学回答得很好！"顾颉刚导师夸奖道，"同学们想想，我们怎么区分《诗经》里面的诗歌到底是乐歌还是徒歌呢？"

"导师，这都过去几千年了，我们该怎么去分辨呢？"一同学问道。

"当年，我在收集我们当地的歌谣时发现了二者的区别：通常徒歌很少有回环复沓的结构，但是乐歌却有很多回环复沓的句式。徒歌只有在儿歌式、对山歌式、模仿乐歌的徒歌和把乐歌清唱的徒歌这四种类型中才会有回环复沓的句式。"顾颉刚导师解释道。

"为什么徒歌很少有回环复沓的结构呢？"一同学不解。

顾颉刚导师解释道："因为徒歌是作者用来抒发感情的，喜欢直截了当地叙述，是不考虑听者的，因此没有回环复沓，也没有整齐的格调。但是，乐歌是为听者设计的，需要配合音乐，还要受到乐谱的制约，所以歌词整齐。我认为《诗经》中大部分都是乐歌，只有一小部分是从徒歌加工而成的乐歌。"

"导师，您的意思就是《诗经》所录的都是乐歌？""眼镜兄"问道。

"是的。"顾颉刚导师道，"同学们，你们发现《诗经》中'水'这个意象是很常见的，并且多跟恋爱婚姻有关吗？这是为什么呢？"

"导师，因为受生产生活条件限制，先秦的人们大多将房屋建造在河流边上，国家通常也是以水为界，所以我们能从《诗经》中看到河畔的游女，还有在淇水间等待迎娶的女子。"一名同学回答道。

"是的，通过对《诗经·大明》的分析，我看到先秦婚姻嫁娶中的一个重要风俗就是以舟为桥梁，将两地的新人结合在一起。"顾颉刚导师道。

"导师，您这么说我想到了后人很多用桥梁来表达恋爱关系的例子。比如牛郎织女被银河隔开，许仙白娘子在断桥上相会。看来《诗经》中的'造舟为梁'不仅是先秦婚礼的重要活动，还影响了后人对爱情的表达啊。"李彤惊叹道。

"这位同学分析得挺好。"顾颉刚导师称赞道。

"导师，我对《匏有苦叶》中'士如归妻，迨冰未泮'这句话的意思一直很迷惑，它的意思是说人们结婚在冰雪融化的仲春吗？"一同学问道。

"先秦时期，我国还是农业社会，对于农时很讲究，所以民众的婚姻也应该顺应农时。你们想想，秋冬结冰时，正是农闲时，而漫长的冬天正好也有利于民众繁衍后代，所以我认为是秋冬结冰时。"顾颉刚导师道。

"导师，您前面不说有'造舟为梁'的习俗吗？从哪里可以看出文王结婚的时候，河水还没有结冰啊。"一同学问道。

"这个还要考察那时各地的气候，还有结婚的对象。你们可以根据后来又发现的资料再详加考虑一下，也许我之前的结论也不正确。"顾颉刚导师道。

"导师，据说您还通过《诗经》还原了先秦一个'赏祖戮社'的风俗习惯，能给我们讲讲吗？"一同学问道。

顾颉刚导师解释道："祭祀是先秦时各国重要的风俗和礼仪，比如《诗经》中的《颂》主要就是记录周、商、鲁这三国祭祀的。《尚书·甘誓》中有'用命，赏于祖；弗用命，戮于社，予则孥戮汝'这句话。孔安国在《尚书传》中记载，天子亲征时，庙主和社主都会随行，对于有功的人在庙主前得到奖赏，这表示天子不专权；对于不听命令者和一些叛逃者，要在社主面前受到刑罚。这符合'亲祖严社'的意义。"

"孔颖达在《尚书疏》中解释，根据礼法，宗庙居左，社稷在右，所以庙为阳，社为阴，而阳主生，阴主杀，于是就有了赏祖戮社的意思。"顾颉刚导师继续道。

"《墨子·明鬼》中记载了一个这样的故事：当年燕简公杀了并没有过错的庄子仪，庄子仪说杀了无罪之人必须要让君主知道。于是第二年，燕简公要'驰祖'，这里的'祖'跟齐国的'社稷'、宋国的'桑林'、楚国的'云梦'是一样的，都是男女聚会观赏的地方。我认为《墨子》所说的就跟我们今天说上海有城隍庙、北京有隆福寺是一样的，都是众人聚集的地方，也是赏罚杀戮的地方。主要是用来教化惩戒。"

"导师，《诗经》中'赏祖戮社'的场所是哪里呢？"一同学问道。

顾颉刚导师道："我觉得是鲁国的'泮宫'。你们看《鲁颂·泮水》中说'思乐泮水，薄采其芹。鲁侯戾止，言观其旂''无小无大，从公于迈''矫矫虎臣，在泮献馘。淑问如皋陶，在泮献囚'，从这些句子可以看出鲁国的'泮宫'跟燕国的'祖'、齐国的'社稷'、宋国的'桑林'、楚国的'云梦'是一样的，都是大家聚集的场所，所以鲁侯才会在这里举行献首、献功、献囚等活动。"

一同学问道："导师，您认为'赏祖戮社'是国家祭祀和举行典礼的地方？"

顾颉刚导师道："我认为'赏祖戮社'是先秦的重要风俗，以国家主要的宗祠庙宇为中心开展祭祀、大型盛典、赏罚等活动，这个地方就像现在的市中心或大型广场。"

"导师，您从民俗学的角度明确《诗经》所录全为乐歌，并从徒歌的形式、汉代的乐府以及民间小调等多方面进行考察分析，这点给了我们很大的启发。但是，您对《诗经》的阐述一样也有'疑古'的思想，并且你们'疑古派'也有矫枉过正的时候。""眼镜兄"道。

"确实，'古史辨'有疑古过甚的地方，并且我们的工作偏向于破坏，但学术界也应有分工，我希望在破坏之后有人能够重建古史，正所谓不破不立。我希望你们借助现代考古学，建立起真实可信的中国上古史系统。"

第十二章
布洛赫导师讲
《封建社会》

　　本章通过3个小节主要介绍了法国史学家马克·布洛赫的治史观，以及西欧封建社会的特点，并总结了《封建社会》一书中所用的研究方法，其中着重讲述了比价法。

马克·布洛赫

　　（Marc Bloch，1886年7月6日—1944年6月16日），法国历史学家，与吕西安·费弗尔一起创办了"年鉴学派"。同时他还是一个杰出的爱国人士，被法国《历史科学辞典》称赞为"本世纪两到三位最伟大的历史学家之一"。

　　布洛赫出生于法国里昂，他的历史启蒙导师就是他父亲，一位造诣很深的古代史史学家。布洛赫一生坎坷，但是他却凭借顽强的毅力和出众的才华写了很多部史学著作，其中以《封建社会》最为著名。

第一节　史学家的职责

这个周六因为路上拥堵，李彤到教室的时候大家已经准备去上课了，没来得及跟大家打招呼，她急忙戴上了头盔，发现身处一间阴森森的监狱，前方布满了各种让人恐惧的刑具。

一位戴着眼镜，留着一撮小胡子的中年男子正站在那些刑具前面，听到声音，他抬起了头，微笑道："在这样一个特别的场合跟大家相见，没吓着你们吧？我是马克·布洛赫。"

"'年鉴学派'的创始人！导师，您当年就是在这里受到不少折磨吧？""眼镜兄"问道。

"是的。"布洛赫导师回答道，"在这里，盖世太保对我严刑拷打，但是他们什么也没得到。"

"眼镜妹"痛惜道："导师，您受苦了！您是我们的榜样，您把自己的一生都奉献给了史学事业，您用自己的行动对史学家的职责作了诠释：史学家不仅要将真相公布于世，还要用实际行动去捍卫历史正义，哪怕付出生命的代价也不动摇！"

看到同学惋惜、敬佩的眼神，布洛赫导师释然地笑了，他说："能为自己热爱的事业献身，我死而无憾了，只是还有一本书没来得及写完。"

布洛赫导师话锋一转道："第一次世界大战的炮火摧毁了人们的传统观念，也摧毁了人们对历史的信仰。20世纪二三十年代经济危机的爆发，造成了普遍的恐慌心理，也使得以实证史学为主的传统史学出现危机。'让史料来说话'的实证史学受到越来越多的挑战，欧洲史学开始带有明显的政治倾向，这严重阻碍了史学的发展。我认为，只有改变对史料的依赖，并进行学科综合，扩大历史学的研究范围才能改变这一切。"

一同学问道："所以，您同费弗尔导师一起创办了《社会与经济史年鉴》，打破了学科的分割，进行了跨学科的综合研究？"布洛赫导师点了点头。

另一同学不解道："导师，之前希罗多德导师说要如实记载历史，还有史学家指出要以超然物外的态度对待史实，要按照事情发生的本来面目去记述历史，但什么才是公正无私的历史呢？我们在研究历史的时候，到底该用什么样的态度？史学家到底是要再现历史，还是要分析历史？"

"同学们，研究历史我们要有一颗理解之心。"看到同学们疑惑的眼神，布洛赫导师解释道，"我希望你们在研究历史的时候，不要轻易去指责某些事情，要体谅、尊重人类社会的差异和关系。"

李彤问道："导师，您的意思是说我们不要用自己的价值观去衡量别人的价值观，不要用我们现有的价值观去衡量过去的价值观？"

"是的。"布洛赫导师道，"只有如实理解过去，理解其他国家、民族的文化、宗教信仰，才能从历史中吸取教训，才能防止和缓和人们之间的重大冲突。"

顿了顿，布洛赫导师又道："'理解'既孕育着困难，也包含了希望，有了'理解'人们之间就会倍感亲切。在发生矛盾时，如果双方能多一些理解，如果有时间进行充分的理解，那么就能防止冲突。"

"其实，生活中也是这样，有时多一点理解就能避免很多矛盾。"一同学接口道。

"眼镜兄"道："导师，您的这种思想被'年鉴学派'第二代领导人很好地贯彻下去了。第二次世界大战后，布罗代尔已经将您的'理解'扩展到整个世界了。"

听到这个消息，布洛赫导师欣慰地笑了，他接着说："为了更好地理解历史，我们不能只用叙述的方法来写历史，而是需要对庞杂的史料进行分析，找出其相似之处，然后进行比较研究，最后进行重组。"

"导师，很多时候我们是按照历史的实际发展方向来写历史的，那么研究历史我们也应该按照这个顺序吗？"一同学问道。

"同学们，任何研究工作，通常都是由已知推向未知，历史也是这样，通过现在才能窥见未来，除此之外别无他法。从已知的景象入手，由今知古，这就要求史学家必须与现实接触，置身于现实之中，才能感受到生活的旋律，才能将那些古代文献中记载的情景想象出来。"布洛赫导师道。（如图12-1所示）

图 12-1　历史学家要置身现实之中

　　"导师，您这话让我明白了一位历史学家说的'如果我是一个文物收藏家，我的眼睛只要盯住那些古老的东西就好，但我是一个历史学家，所以我热爱生活'。当时我还想不明白，为什么历史学家必须要热爱生活，通过您的解释，我终于明白了。"一名同学开心道。

　　"历史学家要由今知古，由古知今，而由今知古的目的是由古知今。"布洛赫导师道，"历史研究的最终目的就是增进人类的利益。事实上，人们也本能地要求历史能指导我们的行动，一旦历史做不到时，我们就会感到愤慨。"

　　布洛赫导师气愤道："就是因为以往传统史学的无能，才无法阻止世界大战的爆发；因为实证主义不关心历史学的社会价值，才导致了这一切。所以，你们在研究历史的时候，一定要重视历史学的社会效用。"

　　布洛赫导师继续道："同学们，过去和现在没有绝对的界限，历史研究切忌画地为牢，你们一定要牢记这一点。我希望你们年轻一代的史学家能够开拓历史学的深度和广度，让历史学发挥出它应有的作用。"

第二节　西欧的封建社会

　　"导师，听说您的《封建社会》以宽阔的历史视野对西欧的封建社会做了全面解释，里面提出了很多新的见解，开创了新的研究方向，您能给我们讲讲吗？"一名同学问道。

　　布洛赫导师道："我认为封建主义是一种社会类型，我主要从整体上描述和分析了作为一种封建社会类型的历史现象。"

"导师，您的《封建社会》主要讲述了9—13世纪西欧封建社会的形成、发展和变迁，您没有采用实证史学的编年史叙事手法，而是强调要从一个长时段来进行考察，将封建社会分为两个阶段进行研究。您将西欧的封建主义分为两期，9—11世纪中期为第一期，11世纪中期—13世纪初为第二期。这是为什么呢？""眼镜兄"问道。

布洛赫导师回答道："如果按照年代顺序将'封建主义'当作一个完整的阶段，这是一个非常大的错误。因为最后入侵停止后，造成了一系列深刻而广泛的变化，这些变化开始在入侵停止后的几代人身上显现，也就是11世纪中期。也就是说，在11世纪中期，社会出现了方向性的变化，虽然这种变化不是跟过去断然决裂，但是却反过来影响了整个社会活动。这两个阶段的差异是巨大的，虽然是连续发展的，但确实是性质不同的两个阶段，所以我没有再以世纪或数十年的时间为界限，而是从更长的历史时期来研究它发展的规律。"

"导师，西欧封建社会的两个阶段各有什么特点呢？"一同学问道。（如图12-2所示）

"第一阶段虽然无法计算出西欧国家的具体人口数，但是其人口肯定不能跟12世纪以后相比，甚至还远远低于鼎盛时期的罗马帝国；此外，人口分布也非常不均匀，出于安全的需要，人们尽可能居住在一起，但是各个据点之间应该是无人地带。当时公共交通的困难造成了社会生活的封闭，使得商业活动也不发达，人们之间的信息交流极为困难，所以即使彼此相近的居民点之间的联系也很少。在这种长期的封闭状态中，社会发展和运行受到很大限制，但是地方的独立性加强了。"布洛赫导师道。

9—11 世纪中期

11 世纪中期—13 世纪初

图 12-2　西欧封建社会的特点

　　"在这样艰难的情况下，也只有那些从东方转卖过来的奢侈品，才能让商人愿意冒着巨大的风险来获取暴利。当时西欧只能用贵金属来交换，这种交换除了增加通货短缺外，整个社会几乎没有得到什么好处。不发达的商品经济造成了主人对臣服者只能授予土地，而不能给予俸禄，时间一长这样的依附关系就渐渐松弛了。"

布洛赫导师接着道："大概从1050年到1250年，西欧开始了拓荒运动，这一运动使得耕地不断增加，人口聚集点开始大量增加，各定居点之间的空旷地带大大减少，各定居点之间的联系开始增多也更加方便，这为商业的繁荣创造了条件，远程贸易开始活跃起来。大量船只开始来往于西欧和拜占庭、阿拉伯世界、波罗的海、北欧等地。商业的繁荣使得货币的需求量大增，虽然西欧还是自给自足和松散的社会，但是已经开始发生根本的变化。"

一同学道："导师，您的《封建社会》从9世纪欧洲所面临的大环境讲起，还介绍了家族关系和附庸制、庄园制、政治体制等。通过您的介绍，我们对西欧的封建社会有了初步认识，西欧的封建社会跟我们国家的封建社会还是有所不同的。"

布洛赫导师问道："那西欧的封建社会跟你们中国的有何不同呢？"

那名同学道："首先时间上不同，你们西欧的封建社会形成于9世纪，但是我们中国早在公元前221年就形成了，比西欧早了近1000年，而且比西欧结束得晚。其次，西欧的封建社会早期经济萧条，商业落后，城市发展缓慢，直到11世纪中期城市才开始兴起，但是中国自从秦汉时期建立了统一的中央集权封建国家之后，社会经济便得到了进一步发展，出现了规模宏大的大城市。此外，西欧实行的是分封制，王权薄弱，并且神权凌驾于王权之上，但是中国的封建社会王权非常集中，皇权是至高无上的，神权只是为皇权服务的。最后，在继承制上，西欧采取长子继承制，但中国采取的是嫡长子继承与诸子继承相结合的方式，最后让受封的土地在世袭过程中越来越少，直到消失。"

听了这位同学的话后，布洛赫导师道："看来中西还是有很大区别的，可惜当时没有对中国的封建社会多做研究。我只对西欧的封建社会做了研究，对西欧以外的封建社会做了简短的叙述，稍微多提了一些日本的情况，可惜啊。"

另一同学笑道："是啊，导师您这样就留下了一个悬而未决的问题，而且还是一个根本性的问题呢。您让我们很疑惑，这个封建社会到底是欧洲特有的社会组织形态，还是一个普遍存在的社会形态呢？"

"看来这个问题只能留给你们去解决了。"布洛赫导师笑道。

"但是，我们该怎样去研究呢？"一同学问道。

第三节　《封建社会》的研究方法

布洛赫导师赶紧道："没事，我会告诉你们研究方法的。"

听到一代史学大家亲传研究方法，大家都打起了十二分精神。看到大家一副洗耳恭听的样子，布洛赫导师开心地笑道："我主要讲讲自己在《封建社会》中运用的新方法，这些方法对现在的你们来说可能已经过时了。"

"眼镜兄"赶紧说："导师，您不知道后人对您的评价吧？有人说《封建社会》的永恒价值与其说在于它的见解，不如说在于它的研究方法。"

听到这句评语，布洛赫导师长舒了一口气道："同学们，史学是一门研究在实践过程中的具体的人类社会或其中某一现象的科学，任何社会都是一个有机整体，任何社会现象既有历史的渊源，又有当时环境的作用，人类的历史就是由时间因素和空间因素相互作用形成的一个整体。我们做历史研究就是从个别中发现普遍存在的规律。"

布洛赫导师接着说："我写这本书的目的是要对封建社会的组织结构以及将它联系起来的各种原则进行剖析并作出解释。这需要借助于对整体人类环境的认识，才能理解统治社会的制度框架。所以，我先说明了这一社会类型，接着从地理环境、物质生活、心态、社会关系等方面来说明封建社会形成的整个过程。然后，我又从'社会等级和政治体制'出发，进一步揭示了封建社会的内部结构。这样的分析结构跟以往传统史学对人类社会的历史解释模式是不同的。"

一同学赞叹道："导师，您的著作体现了'整体'史学的要求，并且您还引用了社会学、人类学、地理学、心理学等很多学科的概念，也就是您一直提倡的跨学科研究，这样的研究方法不是当时的传统史料学可比的。"

另一同学道："在资料的运用上，导师您还突破了传统实证史学单纯强调政府档案、私人笔记日记等一手资料的局限，并且您还创造性地提出了只要能帮助历史学家观察人类活动与精神痕迹的事物，都可以作为史料的新观点。"（如图12-3所示）

"是啊，导师在《封建社会》中运用的史料非常丰富，除了传统的档案史料和考古史料，还大量使用了能反映当时民众心态和民间记忆的材料，如诗歌、医嘱、祈祷文、传奇文化、绘画、雕塑等。"一同学补充道。

布洛赫导师笑着说："看来同学们对我的《封建社会》知道得挺多啊。"

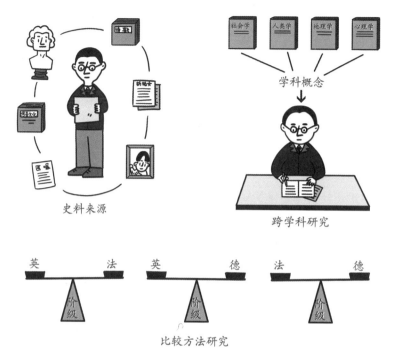

史料来源

跨学科研究

比较方法研究

图 12-3　布洛赫的历史研究方法

"导师，因为我们国家之前也是封建社会，所以我们会通过相互比较来了解其他国家的封建社会都是什么样，这样理解得会更深刻一些。""眼镜妹"回答道。

布洛赫导师道："你们这点做得挺好，我也是赞同用比较的方法去研究历史的，通过比较可以发现不同历史现象的相同点和不同点，进而揭示历史现象的普遍性和特殊性。不过你们在用比较法时要慎重，因为比较不是万能的，在比较时一定要坚持可比性原则，也就是对历史现象进行比较时必须具备共同的基础和联系，否则就不能比较。"

"导师，您的意思就是进行历史比较必须具备可比性，是吗？"一同学问道。

"是的。在《封建社会》中，我从两个层次做了比较：第一层比较就是封建社会中两个阶段的发展状况，这个是主要的；第二层就是西欧的几个国家，如英国、法国、德国等，我将它们的社会特点做了比较，分析了它们在整体相似下的不同。"布洛赫导师道。

"不过遗憾的是我本来想运用比较的方法探明封建社会的普遍性和特殊性，但是我只对西欧的封建社会做了研究，对西欧以外的封建社会只做了简短的叙述，欧洲以外的比较也只有日本稍微被提及了一些，只提到要关注你们中国的社会形态，但是却没有好好去研究，前面听你们一说，我才明白自己错过了很多。"

一同学道："导师，您在《封建社会》里没有给封建社会下一个明确的定义，这让我们看完书后总感觉有种缺憾。导师您留下了一个根本性的问题没有解决，那就是封建社会到底是欧洲特有的社会形态，还是一个普遍存在的社会形态。"

布洛赫导师不好意思道："我也很遗憾，没有将问题说彻底，这个只能靠你们了。"

"不过，导师您将这种比较方法系统地应用到历史研究中，为后世开创了一种历史研究的新领域，并且您还为历史学家研究历史提供了新的研究思路和方法，您开创了史学研究比较的先河，大家称您为'比较史学之父'。"

布洛赫导师忙道："我受之有愧啊。"

"导师，您是一位时刻关心人类命运的历史学家，您站在历史学家的角度呼吁世界各国停止无休止的战争，相互理解，相互尊重，求同存异，关心命运的发展，为了历史学您甚至献出了自己宝贵的生命，我觉得这称号根本就不足以表达您的贡献。感谢您让我们看到了一个伟大的历史学家。"

第十三章
斯宾格勒导师讲
《西方的没落》

本章通过 3 个小节介绍了德国历史哲学家斯宾格勒在其著作《西方的没落》中所提出的文化形体史观的主要内容，并介绍了他关于文明和文化区别的论述，以及他的预言。

奥斯瓦尔德·斯宾格勒

（1880 年 5 月 29 日—1936 年 5 月 8 日），德国著名历史学家和历史哲学家、文学家。

他出生于一个邮政官员家庭，先后在慕尼黑、柏林、哈雷等地求学，最后获得博士学位。青年时代除了研究历史和艺术外，他还对数学和博物学感兴趣，这让他的作品具有一种独特的风格。第一次世界大战爆发后，他隐居在慕尼黑的一所贫民窟中，在烛光下完成了《西方的没落》。其主要著作还有《普鲁士的精神与社会主义》《人与技术》《悲观主义》《德国的重建》等。

第一节 历史领域的哥白尼革命

一天，李彤将自己写好的一篇新闻稿交给刘记，然后忐忑地等着刘记的"鞭子"落下。不过，奇怪的是一天都快过去了，刘记的"鞭子"还没落下，这是什么意思呢？快下班时，李彤再也忍受不住这样的煎熬，跑到刘记的办公室，问他对自己那篇稿件的意见。

刘记没有任何表情地说："这篇稿件勉强可以，不过还差很远，以后要写全面、深刻一点！"听到刘记这句话，李彤激动不已，第一次得到刘记"可以"的评价，虽然前面还有"勉强"二字，她已经很满足了。

"有人说历史没用，看来不对，至少对我是有用的，这几个月的历史课真没白上。"李彤心想。因为写这篇稿子的时候，李彤有意识地应用了一些历史学上的东西。

心情愉快，时间也过得飞快，转眼又到周六上课的时间了，李彤觉得每个周六自己就像去约会一样，而且约会对象是未知的，这神秘的感觉她很喜欢。

这次是谁呢？虽然历史学家她一个都不认识，但是每次戴上头盔的时候都会忍不住去想。

"欢迎你们。"一位身穿大衣，戴着礼帽的中年男子道："我是斯宾格勒，可能你们不知道我，但是肯定听说过《西方的没落》这本书，这是我写的。"

"哇，导师是您啊！文化形态学的创始人！"一同学惊讶道。

"正是鄙人。"斯宾格勒导师道，"对于历史发展的进程，我提出了一套自己的理论，叫文化形态学或形态历史学，或历史形态学。为什么我要将自己的观点称为历史形态学？因为我认为这些历史现象都具有形而上学的特点，它们都可以根据其形态加以分门别类。"

"导师，能给我们讲讲您为什么会创造历史形态学这一新的理论吗？"一同学好奇道。

"在我那个时代，学术界并没有将科学领域和自然领域严格区分开来，历史学家喜欢用科学的方法去研究历史，他们认为人类文化的存在跟电或引力是一样的，他们觉得可以像分析电或引力一样去分析它。"斯宾格勒导师气愤地说。

"从来没有人去问这件事为什么恰恰发生在那个时候、那些地方，并且是那种形式、在那段时间内不可避免地出现了，而不是其他的地方、其他的时间。一些历史学家即便遇到不同时间、不同地点的无数个类似事情，也只会将其简单记下，并简单地冠以不同的名字。"

停顿了一下，斯宾格勒导师继续道："我认为史学家不能再以研究自然科学的方式来研究历史了，我们要以一种全新的方式来重新解读历史，要将自然的世界和历史的世界区分开来。"

一同学问道："导师，自然的世界和历史的世界之间有什么区别呢？"

斯宾格勒导师道："自然的世界是已经生成的、存在的事物，而历史的世界是指人类社会的发展、演变。这二者有本质差别，在自然的世界中一切都属于时间生成的永恒的过去，是已经存在的静止空间，是死亡；但历史的世界是不断运动的，并有自己的规律，在这个世界中文化是过去、现在和未来的基本单位。每一种文化的诞生、死亡、兴衰都有自己的规律和生命运动过程，所以我们不能用自然科学的方法去解读历史，想要正确解读历史，只有借助于文化。"

"眼镜兄"道："导师您抛弃了以往史学界以时间为基石将历史分为'古代—中古—近代'的一元进化史观，提出了多元史观，您认为历史的世界应该以有生命体的文化体为基本内容，用全新的观点将世界历史划分为八个自成体系的文化，即：埃及文化、巴比伦文化、印度文化、中国文化、希腊罗马的古典文化、玛雅文化、伊斯兰教文化、西欧文化。您说这八种文化的发展阶段、文化结构和发展趋势都具有相似性，在价值上是等同的。"

"是的。"斯宾格勒导师道，"这八种文化都是动态存在的个别世界，不存在说西欧文化比别的文化具有更高级别的地位。另外，我还以这八种文化为基础，将整个世界文化划分为四个阶段：前文化时期、文化时期、文化晚期、文明晚期。在前文化时期，人们之间主要靠血缘联系，政治国家还没诞生，只有原始民族和简单的农耕生活、原始宗教；到了文化时期，开始出现市镇、劳动分工以及货币交换，人类的意识开始启蒙，人性得到发展；进入文化晚期，城市发展壮大，出现了世界城市，自然科学和唯物主义登上历史舞台，自然科学成为万能的方法；文化时期结束后，就进入文明时代。在文明时代，大力发展科学技术，渐渐形成了精密的现代化国家机器。"（如图 13-1 所示）

前文化时期

文化时期

文化晚期

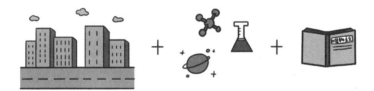

文明晚期

图 13-1　世界文化的四个阶段

　　"导师，您的这一理论也太新奇了。"一同学道。

　　"所以我将自己的这一理论称为'哥白尼式'的革命，因为这种划分方式对传统哲学家和历史学家来说是一种颠覆性的反叛。"斯宾格勒导师笑道。

第二节　文化与文明

一同学问道："导师，您这'哥白尼式'的革命就是把文化当作中心，在您看来历史的基本单位就是文化，要研究世界历史只能从各个文化的历史入手，并且您认为全人类的历史是不存在的，存在的只是各个文化的历史。只是我不明白，导师您这里的文化指的是什么？跟文明又有什么关系？"

斯宾格勒导师答道："同学们，文明和文化是两个截然不同的概念，它们有不同的规定和内涵。当一个伟大的灵魂从人类原始精神中觉醒，自行脱离蒙昧的原始状态，从无形式变为有形式，从无界与永生变为一个有限和会死的东西时，文化就诞生了。正如每一种植物开不同的花，结不同的果，有不同的生长和衰落一样，每一种文化也有自身不可逾越的生命周期，并且都有诞生、生长、成熟、衰败的规律和春、夏、秋、冬四季的更替。"

一同学道："导师，您把文化说得好像有生命一样。"

"文化就是一个有机生命体。"斯宾格勒导师道，"每一种文化都是以原始力量从它的土生环境中成长起来，它的整个生活周期都跟那里的土壤相连；每一种文化都将自己的影响印在人类身上；每一种文化都有自己的观念、愿望、生活、情感和死亡。它为了维持自己文化的概念，不仅与外在混乱蒙昧的力量做斗争，还在与内在潜意识的抱怨相抗衡，每一种文化都竭力实现自己，一旦达到这一目标，它的概念和内涵都完成并外显之后，文化就突然僵化了，它会自我限制，于是血液开始冷却，力量开始瓦解，最后就变成了文明。"

另一同学不解道："导师您的意思是文化的最高阶段，或者说最后阶段，是文明？"

斯宾格勒导师点点头，道："文明是文化不可避免的最终命运。如果说文化是各事物生长繁荣的活的过程，那么文明就是那不再变化的僵化的果实。"（如图 13-2 所示）

历史学家说：
文明和文化是两个截然不同的概念，它们有不同的规定和内涵。如果说文化是各事物生长繁荣的活的过程，那么文明就是那不再变化的僵化的果实。

图 13-2　文化与文明的关系

看到同学不解的眼神，斯宾格勒导师又道："当文明到来时，那些已生成的事物替代了生成变化的过程，死亡跟随着原来的生命，僵化代替了原来的扩张。心智的成熟与僵化，让世界都市替代了原始的母土，人类也渐渐失去了孩提时代的精神状况，于是文明就成了最终的结局。所以，文化的巅峰状态也是它没落的开始。"

"导师，所有的文化都会走向文明吗？"一同学问道。

斯宾格勒导师道："是的，因为文化内在的必然性，所有的文化都将走向这一结局。所以，文明也是文化的化石，因为文明一旦完全凝固，就成了历史文明；文明一旦石化，就成了非历史的、无变化的'停滞状态'，这一文化也就彻底退出了世界历史。"

一同学问道："导师，您觉得文化是怎样走向文明的呢？"

"在文化阶段，每一个鲜活的文化其精神都是宗教，那时文化精神决定了人类一切活动的本原，文化精神驾驭着人，所以处于文化中的人拥有明确的宗教意识，知道自己能力有限，承认自己受到高于自身的命运支配。但是，到了文明阶段，这种宗教倾向就会受到挑战，无神论开始兴起，于是命运法则被自然法则所代替，人们变成了无神论者。"

叹了一口气，斯宾格勒导师接着说："这些清教徒在无神论基础上又形成了清教精神，而这又锻造了资本主义精神。他们为了证明自己已被救，又将自己的热情投向了自然界，用征服自然创造自然的方式来取悦上帝，这就是'工作假设'，于是又产生了'工作伦理''计算精神'等，这又促生了资本主义精神。"

"无神论和清教运动又为理性主义创造了条件。源于想要获救的愿望，人们每打倒一种宗教，就会树立另一种宗教，而理性主义就是另一种'宗教'。不过这种'宗教'用'力'取代了'上帝'，用'能量守恒'代替了'永恒真理'，用智慧和知识代替了之前的忏悔，这是人们获救的新手段。于是人们在抛弃了宗教思维以后，又想用理性思维来建立自己的天堂，于是又产生了一系列政治理论运动。"

"人们怀着对理性的无限信心，于是人性、自由、公平、正义、平等、进步等诸多观念纷纷被提了出来，并且都神圣不可侵犯，于是抽象的真理开始进入这个事实的世界。这些文明人除了喜欢抽象的理论，还喜欢抽象的金钱。从文化生命解脱出来的自由有两种：一种是心智的自由，另一种是金钱的自由。第一种是对民主的要求，第二种是对财富的追求，本来这两种是水火不容的，但是在现实中，理性主义口号最响亮的地方，也是金钱最肆虐的地方。你们想过当金钱进入政治之后会是什么样子吗？"斯宾格勒导师问道。

"人们的心智被金钱摧毁。"一同学答道。

"对，通过金钱，民主也彻底摧毁了自己。因为民主时代的'真理'是由报刊媒体所制造的舆论，而它们又被掌握在拥有金钱的政党领袖手中。各种政治势力都用自己所掌握的报纸来控制人民大众，直到他们大声疾呼要武器、要战斗，并强迫他们的领袖出兵参与那些纷争，其实这样的'强迫'正是那些领袖蓄谋已久的事情。"

斯宾格勒导师继续道："没有文化和宗教的束缚，人们开始不再敬畏大自然的神秘，开始同大自然不断搏斗，最后战争的结果就是科学的不断进步。当蒸汽机出现后，大自然就沦为人的奴隶，在人们欢呼自己取得的成就时，却发现自己也逐渐变成了机器的奴隶，渐渐地人也变成了机器。"

斯宾格勒导师悲痛道："于是机器和技术开始统治人类，成为新世界的暴君。这时，生命的诗意已经被单调的工作所取代，生命的创造力和想象力开始枯竭，人类生命本身也退化和衰弱到'不育'的状态，于是'恺撒主义'或帝国主义开始出现。而恺撒政治的最高形式就是战争，帝国主义时代就是世界战争时代，那时战争成为人们处理一切现存问题的手段，文明时代的一切最终都将在战争中灰飞烟灭。"

第三节　真的能预测未来吗？

一同学道："导师您也太悲观了，虽然您经历了'一战'，后来又发生了'二战'，但是您看，我们现在还是好好的，西方也没有像您预言的那样没落下去啊。"

"在我看来，文化是个生命有机体，它也符合生、长、盛、衰的规律，所有的文化类型都会受到生命周期的制约，最终走向文明，这是它们无法避免的宿命。所以我预测西方文化必将走向没落。"斯宾格勒导师道。

"500—900 年是西方的前文化阶段，900—1800 年是文化阶段，从 1800 年开始到现在西方已经处在文明阶段，它最终也逃脱不了文化的宿命，将在 2200 年开始瓦解，所以我将这本书叫作'西方的没落'。"（如图 13-3 所示）

斯宾格勒导师继续道："我将世界历史看作一幅无终止的形成与变化的图像，一幅有机生命成长与凋落的图像，但是有的历史学家正好相反，只将历史看作在不同时代不断增加自己长度的绦虫。"

"但是在导师的眼里，虽然文化是有生命的，最终还是要走向灭亡啊。"一同学道。

"是的，文化的没落跟草木的枯萎一样正常，我们不必为此感伤。"斯宾格勒导师平淡地说。

"导师，生物是周而复始循环的，文化会不会也这样循环往复呢？"另一同学满怀希望地问道。

图 13-3　文化的宿命

"文化是一次性的。每一个出现在历史中的国家，都只能在历史洪流中存在一次，只能存在于此时此刻。到下一个时刻，不管其政治外壳如何坚固，都已经有所不同了。"斯宾格勒导师泼下一盆凉水。

"导师，难道旧的文化灭亡之后，就不能再形成新的文化吗？""眼镜兄"不死心地问道，"文化形态史学观的继承者和发展者汤因比说，您对文明的产生、发展、衰落和解体只提供了一张固定的表，但却没有任何解释，所以对您的文化宿命论不太赞同。"

看到斯宾格勒导师鼓励的眼神，"眼镜兄"接着道："汤因比导师将文明作为他历史研究的基本单位，不过他的文明包括了您的'文化'和'文明'两个概念，他认为人类社会已经存在30万年了，而文明社会只有约6000年的历史，只占人类全部时间的2%，所以从这个意义上来说，人类社会的文明是同一时代的，并且在哲学上价值也是相等的。"

歇了一下，"眼镜兄"继续道："他将人类历史分成了26个文明类型，他认为文明是个有机体，每个文明都有起源、生长、衰落和解体四个阶段。不过在文明的前途上，作为文明的主体人能做出改变，不能因为其他文明的死亡或衰落就认为西方文明必将走向没落。他认为只要能够从其他文明那里获得经验和教训，提高应战能力，西方文明不但不会没落，还会走向更加美好的未来。"

"仁者见仁，智者见智。"斯宾格勒导师道，"我只是对自己当时所处的时代遇到的问题，提出自己的观点和看法。1911年时，我准备将自己对当时的政治现象及其可能的发展所做的一些思考做一个综合的叙述，当时我认为世界大战不但迫在眉睫而且无法避免，于是就写了这本《西方的没落》。"

"导师，第一次世界大战和第二次世界大战的发生间接验证了您的预言，虽然两次世界大战并没有让西方文明灰飞烟灭，并且直到今天也没有再发生世界大战，但还是有很多人对您所说的'西方的没落'心存疑虑。"一同学道。

另一同学道："我认为导师所说的'没落'，指的并不是死亡或终止，而是文化批判精神和创造精神的丧失。"

一同学接道："你觉得西方世界现在发展得还不快吗？"

又一同学道："那只是在科技方面，文化方面他们还有什么建树吗？"

看到同学们争论起来，斯宾格勒导师道："同学们，我不是算命先生，我的预言也只是基于当时的社会环境，之所以做出预言只是为了警示世人，让大家能清楚认识到当前所处的状况，然后刮骨疗伤。"

　　"原来导师不在乎预言是否实现，而在乎它是否起到警示作用，我们还在这里傻傻争吵，真是没有理解导师的用意。"一同学叹道。

　　"同学们，我们历史学家到底为什么要去研究历史？可能有人为了研究历史而研究历史，但我是为了了解和认识现实才去研究历史的，这个因每个人的初衷和出发点不同也会不同。"斯宾格勒导师语重心长道。

　　"当时，我感受到了战争的危机，我想从古典时代的衰落找到当时所在时代的特征，从而让我能深入历史。我认为历史的发展不是杂乱无章的，而是有其内在的必然性，我想找到这个必然性，让世人明白，从而避免一些问题。你们要好好想想自己研究历史又是为了什么？"

第十四章
吕思勉导师讲
《吕著中国通史》

　　本章主要介绍了我国史学家吕思勉所著《吕著中国通史》的独特体例、写法和内容，以及史学家的使命和社会责任。

吕思勉

　　（1884年2月27日—1957年10月9日），字诚之，笔名驽牛、程芸、芸等，江苏常州人，中国近代历史学家、国学大师，与钱穆、陈垣、陈寅恪并称"现代中国四大史学家"。

　　吕思勉出身书香之家，毕生致力于历史教学和研究工作，在中国通史、断代史、民族学、文化史、思想史等诸多领域都有建树，被后人誉为具备史才、史德和史识的历史学家。其史学代表作品有《白话本国史》《吕著中国通史》《秦汉史》《两晋南北朝史》《中国民族史》《中国制度史》等。

第一节　我看历史

　　虽然斯宾格勒导师的课结束了，但是他最后的那个问题一直萦绕在李彤心中：为什么要学历史呢？虽然学习的初衷是为了满足工作需要，但是上了这么久的课后，李彤发现当初的想法已经悄然发生改变，不知不觉间自己喜欢上了历史，只是自己学历史是为了什么呢？李彤不断地追问自己。

　　礼拜六的历史课堂，李彤戴上头盔时还在这样问自己。

　　"同学们，我叫吕思勉。"一位穿着朴素、戴着圆圆眼镜的青年男子用好听的磁性声音道。

　　李彤很激动，终于来了一位自己知道的导师，之前小安助教给推荐的书中就有吕思勉导师的《吕著中国通史》。虽然李彤只读了一小部分，但那一小部分就让她感受到了吕思勉导师学识的渊博，品德的高尚。

　　面对儒雅的史学大师，李彤不禁问出困扰自己的问题："导师，历史到底是什么？究竟有什么用？"

　　吕思勉导师看着下面的同学，缓缓道："在研究历史之前，我们是要考虑清楚这些问题。你们觉得历史是什么，对我们有什么用？"

　　"导师，不是经常听人说什么历史是'前车之鉴'，我们可以博古通今吗？我们可以从前人的得失中总结经验教训，对于好的地方可以效仿，对于不好的地方就引以为戒。"一同学回答道。

　　吕思勉导师反问道："你们觉得这句话对吗？"

"眼镜妹"抢着说："导师，我们生活在一个不断进化发展的世界，后来的事情肯定跟以前的事情不一样了，如果还要套用之前的观点肯定不合适。这就像我们生病，病情已经发生了改变，如果我们还沿用以前的药方肯定是没有效果的。"

另一同学道："再说，现在出了很多新东西，都是以前听都没听过的，比如互联网，我们又能从哪里去借鉴呢？"

吕思勉导师点点头道："既然历史不是前车之鉴，那么有人说历史是'据事直书'，能让人有所畏惧，让好的'流芳百世'，让坏的'遗臭万年'，你们觉得这个说法对吗？"

"导师，对于那些恬不知耻的人，他们生前都不在乎名声，还会在乎死后的名声吗？对于那些本来就在乎自己名声的，有没有历史对他们来说基本没什么影响。"李彤回答道。

"是的。"吕思勉导师点头道，"何况对于事情的真相别人又能知道多少呢？知道的也不过是一些皮毛而已，其内幕如何根本无从知晓。对于一些重大事件，很少有人能知晓全局，这样写出来的历史算是真相吗？如果还要根据这样的事去褒贬时政，去维护社会正义，不是有所偏颇吗？"

"导师，历史到底是什么？"一同学问道。

"同学们，我为什么能成为现在这样的我呢？这是偶然吗？"吕思勉导师反问道。

"这跟自己的出身、成长环境、所受教育、个人习惯，还有自己的行动等有关，是所有这些综合起来才成就了现在的自己。"一同学道。

"是啊，个人是这样，国家、社会也是这样。为什么中国人的性格不同于欧洲人，不同于日本人，这些也不是偶然的，也是因为种种原因造成的。现在出现这样的结果不是现在的事情造成的，而是由过去的种种造成的，所以我们必须追溯过往的历史，从那里面找到社会的真相，也就是我之所以成为我的原因，所以历史就是寻求社会真相的。"（如图14-1所示）

历史学家说：
现在出现这样的结果不是现在的事情造成的，而是由过去的种种造成的，所以我们必须追溯过往的历史，从那里面找到社会的真相，所以历史就是寻求社会真相的。

图 14-1　历史是什么

"导师，我们该怎样去寻求社会的真相呢？"一同学问道。

"肯定是从以往发生的事情中去寻找啊。"一同学答道。

"但是过去的事情那么多，该选哪些事情呢？"另一同学问道。

"同学们，过去发生的事情实在太多，穷其一生也可能只窥一斑，所以我们只要选择那些让社会变成现在这个社会的事情研究就好。就像我们经历了那么多事，怎么可能都记得呢，只要记得那些最终成就现在的我的事情就好了。"吕思勉导师道。

"导师，您是有史德的人，并且已经意识到了这个问题才会这样想，但是以前的史学家都会这样想吗？再说，每个人的思想认知不同，也许您认为这件事对以后有重要的影响，但是别人却认为另外一件事才是有重要影响的。""眼镜兄"道。

"是存在这样的问题。就像从前我国那些史学家，他们不关注社会，只把自己的眼光放在那些特殊的人物、特殊的事情上，对于历史的记叙不是描写英雄，就是记述政治和战役。他们没有看到那些特殊的人和事都发生在普通社会中，没有看到特殊人物和社会的关系；他们不明白正是因为这样的社会，才发生这样的事情；而发生的这些事情又反过来影响社会，使之发生改变。"吕思勉导师道。

"所以，我们想要寻求社会的真相就要从普通社会中去寻找，不要再像前人那样只专注那些特殊的人和事。其实，如果我们找到了社会的真相，再看那些大人物的故事，就像在演戏，虽然剧情不断变换，演员也不断变换，但舞台却总是相同的。"

说到这里，吕思勉导师看着大家道："同学们，你们现在研究历史，要重常人、重常事，因为社会在这些常人常事中不断变迁。如果把常人所做的常事比作风化，把特殊之人所做的特殊之事比作山崩，那么不知道风化，肯定不会知道山崩，但是如果明白了风化，那么山崩也只是必然的结果。"

"导师，您的意思是对那些能说明社会变迁的事情，我们都要研究？"一同学问道。

"恐怕是的。"吕思勉导师笑道，"社会的变迁就是进化，历史者，所以说明社会进化过程者也。而我们学习历史，是为了能从历史中得到分析问题的能力。"

第二节　怎样平行叙述历史？

"导师，听说您的'吕氏通史'不仅视野广博，并且视角也非常独特。您将中国历史分成了上下两册，上册分门别类讲述中国的社会经济、政治制度和文化学术发展，下册分章，按照历史顺序讲述了政治历史的变革。虽然上下两册各自成篇，但却互相贯通，兼具通贯和周赡，一般通史很难同时做到这两点的。""眼镜妹"赞叹道。

接着她追问："导师您创造性地使用了一种新的通史体例，将政治和经济文化各自为篇，平行叙述，表面上看您把政治和经济文化分开了，但实际上您却将政治放到文化发展的内涵中去了。这样，您就从根本上解释了几千年来政治发展的根本原因，并且突出了文化史的重要作用。导师，您这样的写法不仅让我们几千年来的文化自成体系，还让政治和经济文化都成为通史。既然导师前面要我们研究'我之所以成为现在的我'的原因，那么我想问问导师，您为什么要采用这样别具一格的通史写法呢？"

"看来同学们学得挺好，很快就掌握了要点。"吕思勉导师笑道。

"我采取这种写法主要有两个原因。第一个原因，我认为过去的历史因为太偏重于政治，而忽视了社会经济文化的作用，所以无法肩负历史的借鉴功能。实际上，政治只是表面上的事情，社会才是政治活动的根底，如果不明白社会，是无法明白政治的。所以，我认为写历史的人，不但要重视政治，更要重视文化，要突出文化在历史发展中的重要作用，这样才能从根本上揭示历史发展的真正原因。"

"所以，导师您采用这种体例，是为了突出经济文化的重要作用，让历史的借鉴功能从文化中找到注解。导师，您真是用心良苦啊。"一同学感慨道。

吕思勉导师解释道："第二个原因，我这本通史主要是针对当时上海大学文科学生的学习需要而编写的，所以没有采用一般的通史体例。当时上海也有流行的通史著作，不过那些著作虽然在叙述理乱兴衰的过程中也介绍了一些典章制度，但是它们缺乏条理，并且上下也不连贯，让初学者根本摸不着头绪，更别提形成系统的历史知识了，所以我采用了这种新的体例，这样方便初学者系统掌握中国历史的各个方面。"

李彤道："我当时看到导师的通史时，心想这作者好细心，将婚姻、族制、政体、财产、官制、赋税、兵制、刑法、货币、衣食、住行、宗教等都单独分章写出来，这样我想了解哪一方面的内容直接去看那一章就行了，非常方便。我看完货币那一章，对我国的货币历史有了清晰的了解。导师您这种划分方法对我们这样的初学者真的挺有用，有时需要查某一方面的资料也很方便。"（如图 14-2 所示）

图 14-2　吕著中国通史

"能对你们有所帮助就好。"吕思勉导师笑道，"我希望你们看完我的中国通史后，能对中国几千年灿烂的文化有所了解，并知道现状的所以然，对未来可以加以推测，从而对你们今后的行为有所启示。所以我着重叙述了社会经济的变革和政治制度的改革。"

"原来导师的每一个安排都有深意啊。"一同学感慨道。

吕思勉导师道："其实我这种方法也有不足之处，因为将政治和文化的发展分开来讲，会导致二者不能很好地贯通，也会导致过分突出了文化的决定作用。"

"眼镜兄"道："导师，您的通史上册出版于1940年，当时正是抗日战争时期，那时您特意突出我们中华民族悠久灿烂的历史，有助于激发大家的爱国热情和民族自豪感，这在当时有着特殊的历史意义啊。"

另一同学感叹道："难怪导师在书中会着重强调对那些外族入侵的反抗斗争，原来也是有用意的。"

"导师还在书中直接表明了自己的立场呢。导师不像别的史学家只关心那些大人物、大英雄，导师关注的是民生，比如水利、赋税、吏治等。"一同学道。

"导师说家庭的起源，是由于女子的奴役，其需要则是建立在两性分工的经济原因上。导师认为贤妻良母只不过是贤奴良隶，所以导师支持当时的女权主义，并预言随着社会的发展，女子也会从家庭中走出来，积极参加社会工作，并逐渐摆脱被奴役的状况。导师还说那种让女子回到家庭中的人都是开历史倒车的人。"一女同学激动道，说完娇嗔地看了她旁边的男生一眼。那男生赶紧求饶："姑奶奶，我从来没说让你不参加工作啊。"

看到这一幕大家都笑了，吕思勉导师也笑道："看来我的预测好像没错。"

"导师，在那个时代您就有这样的看法，真是太了不起了！"一同学赞叹道。

第三节　史学家的民族精神

"导师的了不起岂止这些，导师还用自己的史笔直接为抗战服务呢！"另一同学称赞道。

"导师，我记得您曾经说过'研究学术，要置致用于度外，而专一求其精深'，您重'求真'，轻'致用'，所以您一生都没有涉足官场，并且无党无派，只关注现实，专心研究历史，您怎么改变自己的想法了呢？"一同学不解道。

"同学们，我生活的年代不像你们现在的年代。我出生那年，中法战争爆发。我所在的时代正是中华民族处于危急关头的时代，四周强敌环伺，西方帝国主义侵略者掀起了瓜分中国的狂潮。1901年清政府签订了丧权辱国的《辛丑条约》，1937年'七七事变'爆发，中国人民陷入水深火热之中，国家千疮百孔，中华民族岌岌可危。"吕思勉导师悲愤道。（如图14-3所示）

"'天下兴亡，匹夫有责。'面对这样的情况，我们史学家必须要肩负起挽救民族危亡的历史使命。从古至今国史一直被看作是传播文化和发扬民族精神最重要的载体，所以我想用我国悠久灿烂的文化将中华儿女凝聚在一起，共抗外敌，为中华民族的独立找到一条出路。"

图 14-3　孤岛上的斗士

　　"导师，写史如果掺杂太多个人感情不就不客观了吗？"一同学问道。

　　"史学家也是有感情的。因为写这本书的目的不仅仅是写一本中国通史，还有让大家明白中国之所以变成现在这样的私心，还有弘扬中华民族文化的想法，所以会有侧重地论述，虽然尽量避免，肯定也会有不客观的地方。"吕思勉导师道。

"导师，我觉得这不算是您的'私心'，您是为了国家民族大义。""眼镜妹"道。

"您在通史中对中国文化做了一个全面的总结，并且有针对地介绍了中国文化在近代转型时遭受的打击。您分析造成这种局面的主要原因就是长期的闭关自守和盲目自大。您详细分析了当时我们国家面临的危险局势：外国势力的入侵使得我们国土沦陷，主权不保；日本的侵华战争让我们面临亡国灭种的危机；国内政治混乱、军阀混战不断，使得我们几千年的文明受到严重破坏。面对这样内忧外患的复杂局面，您明确地向国人指出中国当前主要的敌人是日本帝国主义，您呼吁大家团结起来抗战到底，争取民族独立。"

吕思勉导师道："在通史的《上古史》中，我提倡各民族一律平等。我专门论述了除汉族以外的诸侯，对他们的起源和变迁也加以考证。在论述这些少数民族建立的政权时，我将他们的政权也称为'朝'，将南朝和北朝平等对待，将金、元也赋予跟宋一样的地位。我希望各民族能团结起来，共御外敌。"

"导师，您从这些细节入手很好地塑造了我们的民族凝聚力。"一同学道。

另一同学道："面对当时的局面，导师还说'在文化上，我们非解除外力的压迫，亦断无自由发展之余地'，导师指出当时最重要的问题就是夺回丧失的国家政权，维护民族利益，保护我们的文明不受侵害。"

"在日本步步紧逼的时候，导师您明确提出我们只有坚持抗

241

战才有出路，您说'中国既处于今日之世界，非努力打退侵略的恶势力，决无可以自存之理'。导师，在当时您的看法是很有远见的，并且您的这个观点对那些投降派和内战派也是一种打击。"又一同学道。

"眼镜兄"真诚地赞叹道："1940 年，导师您居住在上海租界，曾用'野猫''程芸'等化名写下很多弘扬民族正气，揭露日本暴行的文章，被称为'孤岛上的斗士'。导师，您虽然是一个史学家，但您也是中华儿女中的一个，您用自己的行动告诉我们，一个史学家在国家危难时到底应该怎样去做。"

"导师，您说学习历史可以获得分析问题的能力，当时中国面临那样严峻的局势，您当时觉得中国的未来会如何呢？"一同学问道。

吕思勉导师笑道："虽然我们当时所处的情况非常严峻，但是我对我们国家的未来充满信心，我坚信中华民族一定会取得胜利。因为战争只是社会的一种变态，从过往经验来看，变态是不能持久的。试想我数万万同胞的大族，数千年的大国，怎么可能没有一个美好的未来？我们这个千年文明古国一定会'大器晚成'，再展雄风的。"

一同学笑道："导师，我们中国现在已经崛起了。"

"果不其然！"吕思勉导师欣慰道，"不过，我们虽然今非昔比了，但是我们的武力只能用来打倒帝国主义，断然不能加入帝国主义之列，成为破坏世界和平的一分子。"

"放心吧，导师，我们是和平崛起。经历了那些战争，我们比谁都渴望和平。"

第十五章
斯塔夫里阿诺斯导师讲
《全球通史》

本章主要介绍了美国史学家斯塔夫里阿诺斯的全球史观及其局限性、世界历史的独特写法，以及地理环境在人类历史发展进程中的重要作用。

勒芬・斯塔夫罗斯・斯塔夫里阿诺斯

（Leften Stavros Stavrianos，1913—2004 年 3 月 23 日），希腊族，美国学者、教授，当代著名历史学家。

他出生于加拿大温哥华，毕业于不列颠哥伦比亚大学，获得克拉克大学文科硕士学位和哲学博士学位。他曾在美国加利福尼亚大学担任历史教授，还担任西北大学的荣誉教授和行为科学高级研究中心研究员，曾因杰出的学术成就而于 1951 年荣获古根海姆奖，1967 年荣获福特天赋奖和洛克菲勒基金奖。

第一节　从月球上看世界的全球史观

上完吕思勉导师的课后，李彤又找出了那本《吕著中国通史》读了起来。因为理解了导师的一片苦心，所以这次她读得非常认真。她边读边想，中国忙着改朝换代的时候，世界其他国家在做什么呢？

周六上课的时候，李彤跟同学们探讨这个问题，大家各抒己见，谈了很多有意思的事情。去上课的时候，李彤还很激动。

"欢迎你们，我是斯塔夫里阿诺斯。"一位头发胡子都白了的外国老头，正站在讲台上等着大家。

"提倡全球史观的斯塔夫里阿诺斯？"一同学吃惊地问道。

"是的，好像我的那部《全球通史》很受欢迎。"斯塔夫里阿诺斯导师笑道。

"导师，世界那么大，全球历史那么多，哪些历史才该写进书中呢？"一同学问道。

"我认为我的《全球通史》应该主要揭示世界历史的进化和世界文明的发展，对现代社会将产生什么影响，所以在写作的时候，我只选择了那些对历史影响深远和促进历史发展的事件。"斯塔夫里阿诺斯导师道。

"并且，我认为世界历史讲述的应该是全球的历史，而不是某一国家或地区的历史，它关注的应该是世界上所有民族，而不仅仅是西方那些民族或非西方那些民族。我希望我的读者在读这本书的时候，能够感觉自己正在月球上俯视我们所在的这个星球，从那上面来看我们地球的历史。"

　　"19 世纪时，在西方学术界普遍弥漫着一股西方中心论的价值取向，而历史领域就是这种腔调的主要阵地，所以一些西方史学家在编纂世界历史的时候，常常会夸大西方文明对人类社会发展的贡献，忽视或否认非西方世界的历史。从这点来说，导师您能主张全球史观，反对西方中心论，是很了不起的。""眼镜兄"称赞道。

　　听到有人称赞，斯塔夫里阿诺斯导师很开心，他笑道："我觉得西方中心论太片面，只有用全球的眼光去看世界历史才完整。并且世界历史不是各个民族历史的简单罗列，也不是各种文明的简单叠加，我们要从整体上去考虑，要从整体上去观察人类的历史。在研究世界历史的时候，我们还要注意各民族在不同时期的相互交往，以及这些交往对人类历史的重要作用。只有应用全球性观点，才能了解各民族在不同时期相互影响的程度，以及这些影响对人类历史进程的重大作用。"（如图 15-1 所示）

图 15-1　我们需要全球史观

一同学问道："导师，世界历史应该是由世界所有民族共同创造的。因为种种原因，在同一时期，可能会出现有的民族领先，有的民族落后，这应该怎么看呢？"

斯塔夫里阿诺斯导师答道："其实，这也是符合历史发展规律的，我们应该平等看待这些民族。任何民族不能因为自己在某一时间段处于领先地位就自认优越于其他民族，去否认其他民族的功绩。研究世界历史要平等看待各个民族对世界历史发展所做的贡献，通史也要考虑不同时期各个民族的独特性和一致性。"

"导师您的《全球通史》以1500年为界，将人类历史分为1500年以前的世界和1500年以后的世界这两个阶段，您为什么要这么划分呢？"一同学问道。

"因为1500年以前，各民族都处在不同程度的彼此隔绝状态，相互之间的交往还不具备普遍性；但是1500年以后，由于'地理大发现'和西方资本主义的兴起，导致原来彼此孤立的地区和国家开始联系成一个整体，世界历史开始转向全球阶段。"斯塔夫里阿诺斯导师解释道。

"导师，您的《全球通史》为我们再现了新石器时代文化面貌特征，并讲述了人类走向文明的原因；还讲述了文明的产生、文明的类型及文明发展的内在动力，文明的终结以及全球化的到来。""眼镜兄"道。

"尤其是您的近代史，很好地体现了您的整体史观。开头部分，您就为我们描述了全球史到来的标志性事件和原因；然后又用很大篇幅描述了支撑一部全球史的科学革命、工业革命、政治革命等；最后，您总结了近代文明的政治、经济和文化的意义。"

"是的，这是我通史的主要脉络。"斯塔夫里阿诺斯导师道。

"导师您虽然提倡运用全球史观来书写世界历史，反对将世界历史书写成西方历史，但是您却把人类历史书写成欧亚大陆各文明地区的历史，您将非欧亚大陆地区的历史排除在世界历史之外，其实这还是'西方中心论'。""眼镜兄"道。

"我之所以将非欧亚大陆的文明看作是对欧亚大陆文明史的补充，主要因为那些地区的文明缺乏同欧亚大陆文明的交往和联系，没有产生对世界历史有影响的事件，所以不具有世界历史的意义。"斯塔夫里阿诺斯导师解释道。

"导师，非欧亚大陆的文明也有自己的发展轨迹，其努力也应该得到尊重，不是吗？您没有平等地对待各地区的文明，这就不是真正的全球史观。您将世界历史等同于欧亚大陆的历史，这样的做法怎么能很好地解释世界历史现象呢？""眼镜兄"反问道。

"可能因为我还是一个西方人吧，潜意识中还是有西方中心论的，这也是时代的局限。"斯塔夫里阿诺斯导师有些尴尬地笑道。

"同学们，每一个时代都会书写属于自己的历史，因为每个时代都会面临新的问题，产生新的疑问，需要给出新的答案。属于我的时代已经过去了，现在是你们的时代，需要你们提出新的问题，给出新的答案，创造新的历史。"

第二节　地理环境对人类发展的重要作用

"导师，我发现很多历史著作都有关于地理的论述，像司马迁的《史记》，希罗多德的《历史》，还有您的《全球通史》，里面都有很多地理知识。是不是人类历史跟地理环境有很大关系？"一同学问道。

"当然了，地理环境和人类历史的发展有很大关系。我认为古代欧亚大陆那些文明的生活方式，比如早先的新石器时代的文化，就深受地理环境的影响。"斯塔夫里阿诺斯导师道。（如图 15-2 所示）

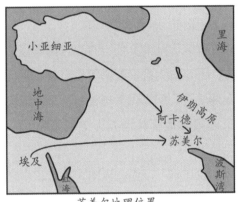

苏美尔地理位置

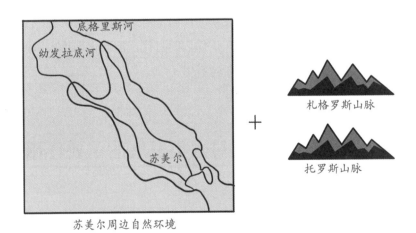

苏美尔周边自然环境

图 15-2　苏美尔文明与地理环境的关系

"比如，美索不达米亚的地理位置特殊，经常遭受侵略，一次次外来的侵略让该地区发展起来，所以，美索不达米亚的历史受地理影响非常明显。"

停顿了一下，斯塔夫里阿诺斯导师继续道："其实，苏美尔人和其后继者的宗教信仰也深受自然环境的影响。为什么这么说呢？因为北部地区的大雨再加上札格罗斯山脉和托罗斯山脉的积雪，让底格里斯河和幼发拉底河的河水每年都会泛滥。泛滥的河水除了用于灌溉，还摧毁了农田。所以在苏美尔人的眼里，他们的洪水之神——尼诺塔，是一位恶毒的神。"

"因为每年对洪水的恐惧，再加上外族入侵的威胁一直存在，让苏美尔人觉得自己独自面对许多无法控制的力量，所以他们的人生观带有恐惧和悲观的色彩。他们以为人生来只是为神服务的，而神的意志和行为又是无法预言的，所以他们常常用各种方法来预测变幻莫测的未来。"

"原来是这样。"一位同学感叹道。

另一位同学道："产生于尼罗河流域的埃及文明，它的西面是利比亚沙漠，东面是阿拉伯沙漠，南面是努比亚沙漠和大瀑布，北面是海岸，它的四周都被自然屏障很好地保护起来，很少受到外族的入侵，所以埃及文明才能从法老时期一直保存到现在。而克里特文明因为地处地中海东部的中间，四周都是大海，适合用船航行，所以成为地中海地区的贸易中心。"

"是的，地理环境对古文明的文化、宗教、交通、政治等都有重要作用。"斯塔夫里阿诺斯导师道，"所以你们学习世界历史时要对世界历史地理有所认识,这样才能更好地理解世界历史。"

"导师，世界历史地理就是地球上各个大陆地理吗？"一名同学问道。

斯塔夫里阿诺斯导师回答道："把地球简单划分成若干大陆，我觉得是对世界历史地理的一种曲解。这种划分方法对学地理的学生可能有用，但是对学世界历史的同学来说没什么意义。因为世界历史要求我们能着重研究那些对人类历史发展有重大影响的历史运动，所以我们在研究世界历史地理时，也只能挑那些发生重大历史运动的区域去研究。"

"所以，导师您挑选了欧亚大陆？"一名同学问道。

"是的。"斯塔夫里阿诺斯导师道，"因为欧亚大陆是独一无二的，它从新石器时代以来，一直就是世界历史的中心，是人类文明发展的中心地区。它的面积只占地球陆地总面积的五分之二，但是人口却占世界人口的十分之九，并且人类最先进、最持久的文明就是从这里发展的，可以说人类的历史就是欧亚大陆各文明地区的历史。对于这点，有同学提出了不同的看法，我们各自保留自己的看法吧。"

斯塔夫里阿诺斯导师继续道："人类文明在美索不达米亚发展起来后，开始向欧亚大陆和美洲等地发展，然后继续向四面八方传播，从而产生了美索不达米亚文明、埃及文明、克里特文明、印度河流域文明及黄河流域文明。"

"其实人类1500年以前的历史不是全球范围的历史，只是地区性的历史。当人类被分散到各大陆之后，因为技术水平的限制，人们的活动范围也被限制，以后的几千年，人类生活在孤立的地区中。"

停顿了一下，斯塔夫里阿诺斯导师又道："不过，因为欧亚大陆的特殊地理环境，让各文明可以相互接近，所以在很长一段时间里，它们可以相互促进、相互威胁，最终都得到很大的发展。但是，同时期的非洲、南北美洲和澳大利亚各民族因为没有什么

联系，完全被隔离在自己的大陆上，处于与世隔绝的境地，所以发展缓慢。"（如图 15-3 所示）

图 15-3　欧亚大陆的文明与其他文明的对比

"导师，您的意思是人类之所以发展进步，主要在于各民族之间的相互影响吗？"一名同学问道。

"人类学家朗兹·博亚兹曾说过：一个社会集团文化的进步，主要取决于它是否有机会吸取邻近社会集团的经验。社会集团之间的交流越多，相互学习的机会也就越多，进步也就越快；而那些与世隔绝的部落，将不能从邻近部落的文化成就中获得好处。"斯塔夫里阿诺斯导师道。

"所以我认为，地理上的可接近性是影响人类社会发展和进步的重要因素，这就是'文明发展与地理可接近性原则'。我认为，如果地理因素都一样，那么影响人类进步的关键就是各民族之间的可接近性。那些有机会与其他民族相互影响的民族，可能会获得快速发展。"

"为什么相互接近就能促进发展呢？"一名同学不解道。

"因为环境的压力。"斯塔夫里阿诺斯导师解释道，"相互接近除了带来发展的机会，还带来了被淘汰的压力。各个民族相互接近后，如果不能很好地利用机会发展自己，那么就面临被同化或者被消灭的危险，所以必须不断地发展自己。而那些处于封闭状态下的民族，既得不到外来民族的促进，也没有外来民族的威胁，所以可以跟原来一样过几千年。"

"看来地理环境对人类历史的影响确实挺大，难怪整个《全球通史》里面有很多关于历史地理的叙述。"

第三节　世界历史的独特书写方式

"导师，您的《全球通史》也将文明作为历史研究的基本单位，并且您还对文明做了具体的说明，您说文明的特征包括城市中心、由制度确立的国家的政治权力、纳贡或税收、文字、社会分化为阶级或等级、巨大的建筑物、各种专门的艺术和科学等。"一名同学道。（如图 15-4 所示）

斯塔夫里阿诺斯导师点头道："是的。除了从整体上考察人类历史，用全球史观来写世界历史，我还运用比较史学的方法，将一些文明做了比较。比如，从古典时期向中世纪的过渡过程中，我就比较了西方文明和中国文明遭受游牧民族侵略的不同影响。"

"导师，您为什么要将不同文明进行比较呢？"一同学问道。

"我发现通过比较可以减少史学家的偏见。如果史学家局限于一个国家民族史的小范围之中，将不可避免地陷入沼泽之中无法自拔，无法去了解其他民族的历史，也无法真正了解自己研究的历史。通过比较则可以让历史的真面目出现，可以客观地论述各民族对世界历史所做的贡献。"斯塔夫里阿诺斯导师道。

图15-4　文明的特征

 城市中心、由制度确立的国家的政治权力、纳贡或税收、文字、社会分化为阶级或等级、巨大的建筑物、各种专门的艺术和科学等。

"比如，通过西方文明和中国文明的比较，我发现在古典时期，西欧并没有中国富饶。当时中国的生产率远远高于西方，从农业出现至今，中国的人口也比西方稠密。因为生产率和人口上的优势，中国能很好地维持自己的帝国统治，能更好地抵抗蛮族入侵，必要的时候还能同化他们。"

"通过比较我还发现，西方没有中国那样完善的文字系统和科举制度。文字系统可以保证文化持久的同一性，而科举制度又能提高行政效率，增加其稳定性。还有一点就是，罗马边境的敌人相对来说更难对付一些。因为这几方面，导致西方古典文明最后不可避免地消亡了。"

一名同学道："不过，我认为西方古典文明的消亡却为后来的技术革命扫清了道路，使得西方在近代走到了世界的前面。"

"是啊，世界的发展既有统一性和整体性，又有多样性和特殊性。"另一名同学道。

"导师，以往历史都是根据'古代—中古—近（现）代'来划分的，但是您将世界历史以1500年为界进行划分，我觉得后面这种划分方法更加科学。"一位同学称赞道。

"因为我觉得以往那种'三分法'带有以西方为中心的思想。大家也知道，'中世纪'是西欧地区独有的，如果用'三分法'这种只适合西欧历史的方法来划分世界历史，就是将世界历史置于西欧历史之中，这样的历史就不是我要写的世界历史。"斯塔夫里阿诺斯导师道。

"如果按照以往的'三分法'去划分世界历史，那么中国就处于一个很尴尬的位置，因为中国近代史的开端比西方近代史的开端晚好几百年。如果那样的话，只能分别按照世界和中国两个历史表去记录不同时期发生的大事了。"久未发言的"眼镜兄"道。

"而导师您既然选择了用全球史观去写世界历史，那么就需要以全世界发生大事的时间为节点去书写，这样才能平等、客观地将各民族的历史展现出来。这样，不同地区的人在读《全球通史》的时候，才能直观地将世界同时期所发生的事情都联系起来。导师，您的这种划分方法真的是一大创举，让人眼前一亮啊。"

"能得到读者的认可，是我最大的荣幸。"斯塔夫里阿诺斯导师高兴道。

"为了方便读者阅读，我还在每章前面加上了导言，这样读者就能更加直观地了解我接下来将要讲述的内容，不过我只是对本章的内容进行一个客观的概述，很少发表个人的主观见解。"

"导师，读您的《全球通史》感觉很亲切，没有历史的那种年代感，就像在跟您聊天似的，您是怎么做到这一点的呢？""眼镜妹"问道。

"我在每编的结尾处添加了'历史对今天的启示'，虽然这部分内容不是该编的内容，但是却没有离开对某段历史的思考，并且这些思考是我对历史的认识，这样可以让读者将过去和现在联系起来，增加历史的现实感。"斯塔夫里阿诺斯导师解释道。

"看导师的《全球通史》，感觉里面的故事好像就发生在眼前，好像自己也身处其中，让我觉得历史跟现实有很大的关联，很多在历史中存在过的问题，在现实中依然存在，这样我们就能从历史中寻求借鉴。"一名同学道。

"同学们，20世纪的世界是一个困难重重的世界，20世纪的人类面临着种种问题，如种族冲突、贫富差距、人口爆炸、城市化、核战争、生态环境等。我认为人类的这些问题是技术革命与技术革命所需要的相应的社会革命时间滞差造成的。"斯塔夫里阿诺斯导师道。

"我写《全球通史》这本书，就是为了让人们看到技术革命与社会革命之间的时间滞差，让大家思考历史对我们今天到底意味着什么，从而改造当前的社会服务。20世纪是一个'非零和关系'的世界，在这个世界里，大家不是都赢就是全输。我认为只有进行有效的全球合作，才能实现人类的美好愿望。"

第十六章
肯尼迪导师讲
《大国的兴衰》

本章主要介绍了英国史学家保罗·肯尼迪的代表作《大国的兴衰》，揭示了1500年到20世纪末近500年间大国兴盛和衰亡的原因，并对肯尼迪的预言进行了辩证分析。

保罗·肯尼迪

（Paul Kennedy，1945—），英国历史学家，皇家历史学会会长，现为美国耶鲁大学历史学教授，重点研究和讲授当代战略和国际关系。曾荣膺迪尔沃恩称号，出版了多部有关海军史、帝国主义、英德关系、战略和外交等的著作，在世界史学界享有颇高声誉。

他出生于英国泰恩塞德，1966年毕业于英国纽卡斯尔大学，是家中的第一个大学生。他在牛津大学攻读博士学位，从1970年起执教于英国东安格利亚（East Anglia）大学，先后任讲师和教授。

第一节　苍茫大地，谁主沉浮？

周一刚上班，李彤就被刘记叫到他的办公室。李彤很忐忑，心想刘记这次又会批评她什么呢？

"鉴于你一直以来各方面表现不错，提前结束你的试用期将你转正，把这张表拿去，填好后交上来。"刘记以一贯冷冷的口吻道。

原来是转正申请表！李彤激动得对刘记深深鞠了好几躬，她知道刘记平时的苛刻都是为了自己好。要不是刘记的苛刻，自己也不会去 A 大上历史课，更不会有这样快速的进步。对了，还要感谢介绍自己去 A 大的同学及小安助教。李彤准备这个礼拜上完课请他们一起吃顿饭，表达自己的谢意。

周六一早李彤就来到了 A 大教室，跟小安助教说了一起吃饭的事。

上课前，小安助教告诉他们今天上的是这期实验的最后一堂课。李彤有些惊讶，自己刚入历史学的大门，怎么就没了呢？以后该怎么办？小安助教安慰道，只要用心将这段时间的上课体验写出来，就能赢得下一期的历史学听课资格。听到还有下期，李彤才安心去上课。

戴上头盔，李彤发现自己在一个教室中，教室前面站着一位白头发的慈祥老者，他热情地跟大家打招呼，并很绅士地让大家坐下，笑着说："我是保罗·肯尼迪，不是肯尼迪总统啊。"

一同学笑道："虽然导师您不是总统，但是您的《大国的兴衰》誉满全球啊。"

"这都是大家的抬爱。"肯尼迪导师谦虚道，"其实我这本书只对 1500 年到 2000 年这五个世纪国际舞台上的主角进行了研究，研究这些世界大国兴衰变化的历史，跟别的历史著作比还差了很多啊。"

"但是，导师您以一种全新的、整体的、宏观的视角去看待全球格局，去探讨大国兴衰的历史，这对我们很有启发意义，并且您的书中还有很多战略观点，对我们也非常有用。""眼镜兄"道。

"有用就好。"肯尼迪导师道，"我们今天就来说说世界大国的兴衰历史吧。同学们，你们认为一个国家怎么才能算是'大国'呢？"

同学们有说地大物博的，有说人口众多的，有说经济体量大的，有说科技强、军事厉害的。

听到同学们五花八门的答案，肯尼迪导师道："同学们，一个大国不是说在某一地域内拔尖，主要看它是否主导了世界经济和政治，大国之大不在于一国的庞大，而是跟周边其他国家比有没有别人无法比拟的优势。并且一个国家的兴衰跟它的经济和军事实力有很大的关系。"

一名同学道："导师，您关于大国兴衰与其经济力量的变迁给我留下了深刻的印象。您说一个国家经济力量的兴盛与其总体力量的强弱及其在国际中的地位有着相同的趋势，并且还说不同时期经济力量有着不同的表现形式。"

"是的。"肯尼迪导师道，"在工业革命之前，一个国家的经济力量主要体现在国家财政能力，即筹集资金的能力上。为什么这么说呢？因为那时无论是舰队、常备军还是雇佣军的供养都需要大笔资金。16—19 世纪，欧洲长年发生战争，而且战争规模不断扩大，战争费用呈螺旋式上升，只有那些容易筹到钱的国家才能最终取得霸权地位。你们想想，国家怎样才能筹集到足够的资金呢？"（如图 16-1 所示）

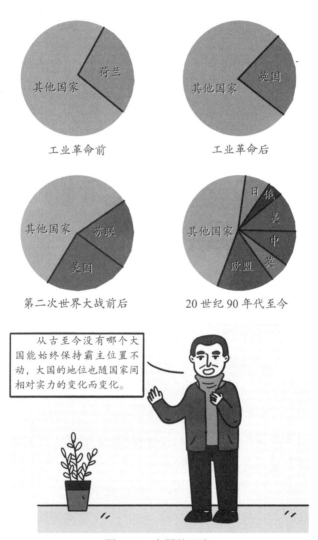

图 16-1　大国的兴衰

"财政收入和借贷。"一同学答道。

肯尼迪导师道："是的，国家可以依靠本国经济和贸易的发展，以及合理的税收政策获得财政收入，可以从富商和金融银行家那里获得贷款，政府还可以发行债券进行借贷。当时的荷兰有着完善的金融体系和繁荣的贸易，所以虽然它的面积不大，但是取得了不错的军事成绩；到英法大战时，英国凭借其稳健的财政制度和良好的借贷信誉总是技高一筹。"

"但是，工业革命发生以后，财政和借贷的重要性就大大降低了，那时一个国家的经济实力主要体现在生产能力尤其是工业生产能力上。"停顿了一下，肯尼迪导师接着道。

"那时谁掌握了新技术，谁推进工业化，谁的实力就得到增强。英国率先实行了工业化，成为一个制造业大国，并将国民生产总值的大部分投入海军建设，于是它成为 19 世纪的'日不落帝国'，成为世界霸主。"

肯尼迪导师继续道："'二战'结束后，美苏两个大国凭借其超强的工业实力和军事力量，成为新的世界霸主，它们开始了紧张而激烈的军备竞赛。不过大国的实力对比状况依然无法摆脱经济增长相对速度的魔咒，美国、苏联和传统欧洲强国的实力会相对减弱，它们在世界经济体中所占的比重也逐渐减小，日本和中国的占比则逐渐增大。"

"导师，您说美国会衰落，但是直到现在美国还是世界第一大经济体啊！"一同学道。

肯尼迪导师道："同学们，从古至今没有哪个大国能始终保持霸主位置不动，大国的地位也随国家间相对实力的变化而变化。我们在评判一个国家时，要将它放置在国际关系的总体背景中去审视。"

"导师，您的意思是当我们评判一个国家时，不是根据它自身力量的发展变化去评判，而是根据它在国际中相对实力的变化去评判，是吗？"一名同学问道。

"是的。"肯尼迪导师道，"就像'二战'结束后，英国的经济水平并没有比战前衰落，但是跟后起之秀美国和日本比，它的优势在逐渐消失，劣势在不断扩大。"

第二节 大国兴衰的密码是什么？

"导师，为什么英国会衰落呢？"一名同学问道。

"19世纪英国依靠工业革命成为经济强国。一个国家的经济发展起来后，在安全上就有了更高的诉求，于是开始将大量资源向国防和军事方面倾斜，并且利用军事上的优势向外不断扩张，以此来获得更多的经济利益，赢得大国的身份。但是过度的扩张在带来利益的同时，也给自己带来了危害。"肯尼迪导师道。（如图16-2所示）

"如果国家将大量的资源用在国防上面，就会导致军事开支大增，从而影响国家经济的长期前景；另外，一个国家如果过度扩张，还会导致树敌过多，让自己陷入多线作战的不利局面，甚至会导致失败。"

"19世纪末的英国就处于这样过度扩张的状态。""眼镜妹"分析道，"美国的崛起让英国在西半球的利益受到挑战；而近东、波斯湾的势力又遇到俄国的威胁；它在中国的利益受到其他新势力的损害；在欧洲，野心勃勃的德国对它构成了极大的威胁。

这时，过度扩张的弊病就呈现出来了，其防卫非常虚弱。"

日不落帝国

向外扩张

扩张导致经济衰退，树敌过多，最后多线作战，导致衰落

图 16-2　英国的衰落

"是的。"肯尼迪导师点头道，"虽然英国采取了一系列措施来缓解过度扩张造成的困境，但问题并没有得到解决，'一战'结束后它的处境越来越糟糕。"

另一名同学接着道："'二战'中，英国虽然依旧是三大国中的重要一员，但是在战争中严重损耗了自己的实力。没有办法，英国主动开始了自己的战略收缩，允许印度等殖民地独立，并放弃了对希腊、土耳其等国家的保护来减少海外负担。虽然这些措施延缓了帝国的衰落，但是却无法阻止其最终的衰落，这是为什么呢？"

"因为从19世纪末开始，英国的工商业就开始相对衰落了，两次世界大战不过是加速了这个趋势。英国经济实力衰退之时，也是昔日'日不落帝国'衰落之时。英国的过度扩张才导致了其经济力量的相对衰落，两次世界大战不过加速了其衰落。"肯尼迪导师分析道。

"而'二战'时德国和日本的过度扩张，则是大国过度扩张带来毁灭性打击的例子。'二战'时，德国和日本虽然都是高效率的战争机器，但是它们的扩张计划远远超出了其能力承受范围。虽然，它们占领的广大土地给它们带来了很多好处，但是也分散了它们有限的力量，并且过度扩张也给它们树立了太多的敌人，在其扩张计划实施过程中肯定会遭到其他大国的反抗和干预，最终必然失败。"

"同学们，从英国的兴衰和德国、日本的衰落中，你们得出了什么结论？"肯尼迪导师问道。

"大国兴起是因为经济和科技发达，导致军事强盛，然后开始对外征战扩张，但也正是因为过度侵略扩张，又导致经济和科技相对落后，最后大国开始衰落。"一名同学答道。（如图16-3所示）

图16-3　大国的兴起与衰落

"很好。"肯尼迪导师道，"同学们，除了战争时期存在过度扩张的问题，和平时期也会存在战略过度扩张的问题。比如防务、消费和投资这三方面的竞争需求，如果没有达到一个大致的平衡，那么一个大国就不可能长久地保住它的大国地位。此外，还有一些大国，既没有对自身的实力做出正确评估，也没有充分考虑对外行动的代价和收益，于是让自己背上了沉重的负担，不断消耗自己的资源和实力，最终让自己失去了大国地位，这个典型的例子就是苏联。"

"导师，如果它们的扩张没有过度，没有超出自己的能力承受范围，是不是就不会衰落，而是会越来越好呢？"一名同学问道。

"是的。所以每一个大国要谨慎地衡量自己的真实能力，并在这个能力的基础上制定自己的合理目标，这样才能保证自己大国的位置。"肯尼迪导师道。

"就像美国，现在已经是世界超级大国，其经济和军事地位也无人可及，不过现在它在世界范围内控制的领域也在不断扩大。我认为美国在全球的利益和它所承受的义务已经超过了它能保卫的能力，加上现在中国和日本兴起，美国的相对实力正在减弱，其大国地位岌岌可危。"

停顿了一下，肯尼迪导师又道："虽然中国现在的经济体量跟美国相比还存在一些差距，但是我很看好你们。因为你们有很大的增长速率和巨大的增长潜力。不过这一切都只是猜测，至于结果到底怎样，我们还是拭目以待吧。"

第三节　如果重写，你会改变观点吗？

李彤看着眼前满头华发的老人，不禁感慨万千，当年保罗·肯尼迪导师出版《大国的兴衰》一书时年仅 42 岁，风华正茂。而今三十多年过去了，导师容颜已变，不知观点是否改变？

"这位同学，你是不是有什么想说的？"肯尼迪导师微笑着问道，那目光仿佛洞悉了李彤的想法。

"导师，距离您的书出版已经过去三十多年了，这期间世界形势发生了很大变化，您曾经预言美国会走向相对衰落，但是苏联解体之后，美国却成了唯一的超级大国，您对自己的结论怀疑过吗？如果要您重写，您会改变自己的观点吗？"李彤好奇地问道。

肯尼迪导师看着下面的同学，沉声说道："其实这个问题我之前也仔细想过，那时有出版社让我给这本书写一篇新的前言，当时我就想了很多，不过我认为书中的主要观点是不需要改的！"

肯尼迪导师清了清嗓子，接着说道："因为 500 年大国兴衰的历史说明，大国的经济实力和地位，与其相对应的军事实力或地位是相关的，这点没变，所以大国的兴衰还是由相对的经济实力来决定的。大国的经济基础决定和影响其在国际上的地位。"

"比如说，中国这三十多年来因为经济不断增长，在国际上的影响力也越来越大。现在走到哪里都能听到人们在谈论中国，在讨论中国对国际事务的影响。从这里我们就能看出，中国在国际上的影响力源自于其经济的快速发展。如果中国的经济开始下滑，那么中国在国际上的影响力也会下滑，这里有个典型的例子。"

一名同学道："就像日本，当年日本经济快速发展时，它在国际上的地位很高，但是从 1990 年开始日本经济停止增长，于是它在国际上的影响力也降低了很多。"

肯尼迪导师连连点头道："这位同学举的例子很好，正好说明了我的观点！其实这是一个很普遍的现象，一个大国经济发展强劲时就会兴盛，就会受到很多的关注；如果经济疲软，它在国际上的相对地位就会下滑。虽然，不同大国的具体情况各不相同，还有其他一些很重要的因素在影响其国际地位，但是不可否认大国兴衰主要还是取决于经济！"

李彤又问道："导师，您说过'世界从来不会停止不前'，从您的著作中我们也看到历史上没有哪个大国能永远保持霸权，大国兴衰的历史会不断重演，那么美国会走向衰落，中国会崛起吗？"同学们听到李彤的问题，都用期待的目光看着肯尼迪导师。肯尼迪导师诙谐地笑道："对于这个问题，我的回答就是我们还需要观望！"

"为什么说还要观望呢？因为美国经济现在是各种迹象都存在，创新和科技在进步，失业人数在不断减少，不过它在全球市场上却年年退缩和失利。并且特朗普新的关税政策也不是在宣扬美国的力量，而是承认了美国人缺乏竞争力，反映了美国的焦虑。像投资比、基础教育、医保总体水平等，跟 20 世纪 50 年代艾森豪威尔执政时期相比都相对减弱了。"

肯尼迪导师接着说："现在世界经济的总体趋势就是东升西降，世界的经济中心在逐渐向亚太地区转移，亚洲和非洲在世界经济的份额相对上升，而美国和欧洲在世界经济的份额正在相对下降，不过这个势头并不是不可逆的。因为美国经济是多元化的，并且体量巨大，完全可以通过创新和技术进步来遏制并逆转相对衰落的趋势。"

"同学们，你们要记住大国的兴衰都是相对的，是有条件的。就目前来说，长期趋势是美国在世界经济中所占的份额跟过去相比减少了，如果用经济、军事指数来衡量美国的话，我想说美国可能失去世界第一的位置将是大概率事件，不过因为美国内在的实力和资源规模太庞大了，所以不会因此失去大国的地位，在国际事务中仍然有很强的影响力！"肯尼迪导师平静地说。

"导师，对于最近美国和中国的贸易战，您是怎么看的呢？"一名同学问道。

肯尼迪导师叹气道："我一直认为想要保住大国地位的重要条件就是保持竞争，而非闭关锁国。国家之间只有通过相互竞争才能保持活力，而闭关锁国肯定会导致落后。"

"是的，我们中国的清朝就是一个非常好的例子，所以我们现在无论如何都要开放！"那名同学激动地说。

"是啊，可惜特朗普看不到，还真是让人无奈啊！你们也知道，竞争是一种激励机制，国与国之间的正当竞争，可以让国家为了提高自己的国际地位和话语权而不断改进技术，在增强经济实力的同时，促进国内政治和经济体制不断完善。现在，世界已经一体化了，各国之间的贸易早就紧紧联系在一起了，这时大国如果对对手下手太狠，也会将自己拖入一个无底洞。"

肯尼迪导师无奈地说："历史发展到今天，大国之间早已不是你输我就能赢的简单博弈。现在是第四次工业革命，其价值理念是信息分享和成果共享，像过去那样垄断和争夺的观念已经很难适应新阶段的发展了，想要关起门来保护自己那就更难了，不仅代价越来越大，并且效果也越来越小。"

肯尼迪导师看了一眼下面的同学，缓缓说道："同学们，在我们结束这节课之前，我想留一个问题给大家思考：历史的发展过程有一个很有规律的现象，那就是每一次科技革命总会让一些国家崛起。第一次科技革命后，英国崛起了；第二次科技革命后，德国、美国、日本崛起了；第三次科技革命，美国成为全球科技创新的中心和引领者；那么，这次科技革命，世界格局会变成什么样？又有哪些大国会崛起呢？"（如图16-4所示）

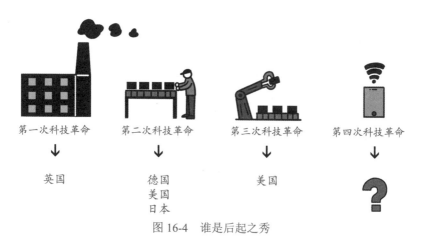

第一次科技革命　第二次科技革命　第三次科技革命　第四次科技革命
↓　　　　　↓　　　　　↓　　　　　↓
英国　　　德国　　　美国　　　？
　　　　　美国
　　　　　日本

图16-4　谁是后起之秀

说完这些后，肯尼迪导师挥挥手，在大家眼前消失了，身后传来雷鸣般的掌声！

参考文献

[1] （古希腊）希罗多德．历史 [M].徐松岩，译．上海：上海人民出版社，2018.

[2] （美）保罗·肯尼迪．大国的兴衰 [M].王保存，王章辉，余昌楷，译．北京：中信出版社，2013.

[3] （英）阿诺德·汤因比．历史研究 [M].郭小凌等，译．上海：上海人民出版社，2010.

[4] 李济．李济文集 [M].上海：上海人民出版社，2006.

[5] 李济．中国早期文明 [M].上海：上海人民出版社，2017.

[6] 李光谟，李宁．李济学术随笔 [M].上海：上海人民出版社，2019.

[7] M. A. Enan. Ibn Khaldun：His Life and Work. Translated from Arabic，NewDelhi，1984.

[8] Muhsin Mahdi，Ibn Khaldun's Philosophy of History[M]. 1957.

[9] （阿拉伯）伊本·赫勒敦．历史绪论 [M].李振中，译．银川：宁夏人民出版社，2015.

[10] （古罗马）塔西佗．编年史 [M].王以铸，崔妙因，译．北京：商务印书馆，1981.

[11] 张广智．西方史学史 [M].上海：复旦大学出版社，2000.

[12] （法）马克•布洛赫．为历史学辩护 [M]．张和声，程郁，译．北京：中国人民大学出版社，2006.

[13] 司马迁．史记 [M]．韩兆琦，评注．长沙：岳麓书社，2012.

[14] （英）托马斯•卡莱尔．论英雄、英雄崇拜和历史上的英雄业绩 [M]．北京：商务印书馆，2005.

[15] （古希腊）修昔底德．伯罗奔尼撒战争史 [M]．徐松岩，译．上海：上海人民出版社，2017.

[16] 顾颉刚．古史辨 [M]．上海：上海古籍出版社，1982.

[17] 顾颉刚．顾颉刚集 [M]．北京：中国社会科学出版社，2001.

[18] 顾颉刚．孟姜女故事研究及其他 [M]．北京：商务印书馆，2017.

[19] （法）马克•布洛赫．封建社会 [M]．张绪山等，译．北京：商务印书馆，2004.

[20] （德）奥斯瓦尔德•斯宾格勒．西方的没落 [M]．吴琼，译．上海：上海三联书店，2006.

[21] 吕思勉．吕著中国通史 [M]．上海：华东师范大学出版社，2005.

[22] （美）斯塔夫里阿诺斯．全球通史：从史前到 21 世纪 [M]．吴象婴等，译．北京：北京大学出版社，2006.

[23] 章安祺．缪灵珠美学译文集 [M]．北京：中国人民大学出版社，1987.